Ausbildung im Einzelhandel

Prüfungstrainer

Einzelhandelskaufleute (Teil 2)

Autoren:

Christian Fritz
Antje Kost
Klaus Otte
Roswitha Pütz
Claudia Simons-Kövér

in Zusammenarbeit
mit der Verlagsredaktion

Cornelsen

Verlagsredaktion: Sabine Schneider
Außenredaktion: Katja Müllenmeister, Hamburg
Umschlaggestaltung: Rosendahl, Berlin
Layout: zweiband.media, Berlin; Christoph Berten, Berlin
Technische Umsetzung: zweiband.media, Berlin

Bildquellenverzeichnis
Umschlag Vorderseite: 1: Fotolia/ChenPG; **2:** Shutterstock/stockyimages; 3: Fotolia/Andrey Popov; **4:** Fotolia/Di Studio
Umschlag Rückseite: 1: Shutterstock/Obak; 2: Shutterstock/Andrey_Popov; **3:** Fotolia/Kurhan
S. 31: Verlagsgruppe Hüthig Jehle Rehm GmbH, München; **S. 49.1:** EURO Kartensysteme GmbH, Frankfurt/M./relatio PR GmbH, München; **S. 49.2:** Handelsverband Deutschland_HDE e.V., Berlin; **S. 49.3:** Visa Deutschland, © Visa 2017/adel & link Public Relations, Frankfurt/M.

www.cornelsen.de

1. Auflage, 1. Druck 2019

Alle Drucke dieser Auflage sind inhaltlich unverändert
und können im Unterricht nebeneinander verwendet werden.

Druck: mediaprint solutions GmbH, Paderborn

ISBN 978-3-06-451544-4

PEFC zertifiziert
Dieses Produkt stammt aus nachhaltig bewirtschafteten Wäldern und kontrollierten Quellen.
www.pefc.de
PEFC/04-31-0810

Inhaltsverzeichnis

Vorbemerkungen zur gestreckten Abschlussprüfung, Teil 2

1 Aufbau der Abschlussprüfungen

2009 wurde **die gestreckte Abschlussprüfung für die Kaufleute im Einzelhandel** eingeführt. Die Abschlussprüfung der Einzelhandelskaufleute wird aufgeteilt: Teil 1 entspricht genau der Abschlussprüfung der Verkäuferinnen/Verkäufer am Ende des zweiten Ausbildungsjahres. Zum Teil 2 am Ende der Ausbildung zum Kaufmann/zur Kauffrau im Einzelhandel zählt die schriftliche Prüfung im Bereich „Geschäftsprozesse im Einzelhandel" sowie das Fachgespräch, das vier bis sechs Wochen nach der letzten schriftlichen Prüfung folgt.

Die jeweils gültigen Prüfungstermine und wichtige Hinweise finden Sie auf der Homepage der AKA (Aufgabensstelle für kaufmännische Zwischen- und Abschlussprüfungen), die für die Erstellung der Aufgaben zuständig ist: www.ihk-aka.de.

In diesem Prüfungstrainer werden Sie auf Teil 2 der Abschlussprüfung vorbereitet. Für Teil 1 vgl. Prüfungstrainer Verkäuferinnen/Verkäufer und Teil 1 Einzelhandelskaufleute, ISBN 978-3-06-451543-7.

1.1 Prüfungsbereich: Geschäftsprozesse im Einzelhandel

In diesem Prüfungsbereich müssen Sie schriftlich praxisbezogene Aufgaben und Fälle bearbeiten und zeigen, dass Sie fachliche, wirtschaftliche und soziale Zusammenhänge – bezogen auf Kernprozesse des Einzelhandels von Einkauf und Sortimentsgestaltung über logistische Prozesse bis zum Verkauf und Unterstützungsprozesse wie Rechnungswesen, Personalwirtschaft, Marketing und IT-Anwendungen – verstehen und Sachverhalte analysieren sowie Lösungsmöglichkeiten zu Aufgabenstellungen entwickeln können.

Der Prüfungskatalog der AKA konkretisiert:
- Aufgaben, Organisation und Leistungen des Ausbildungsbetriebes
- ein Einzelhandelsunternehmen leiten und entwickeln
- Kernprozesse des Einzelhandels
- unterstützende Prozesse
- Prozessoptimierung
- Aufgaben des Controlling

Es werden Aufgaben in ungebundener („konventioneller") Form gestellt, d. h. für diese Aufgaben müssen die Antworten selbst formuliert werden. Die Prüfungszeit für diesen Prüfungsbereich beträgt max. 105 Minuten. Insgesamt können 100 Punkte erzielt werden.

Die Prüfungsleistungen werden mit dem üblichen Punkteschlüssel der IHK bewertet:

100–92 Punkte	sehr gut
91–81 Punkte	gut
80–67 Punkte	befriedigend
66–50 Punkte	ausreichend
49–30 Punkte	mangelhaft
29– 0 Punkte	ungenügend

1.2 Fachgespräch in der Wahlqualifikation

Da das Fachgespräch in der Wahlqualifikation (die „mündliche Prüfung“) ca. vier Wochen nach der schriftlichen Prüfung beginnt, bleibt genügend Zeit, auch diesen Prüfungsbereich vorzubereiten. Hinweise und Übungen zu diesem Prüfungsbereich finden Sie bei den Vorbemerkungen zum Fachgespräch.

Übersicht über Teil 1 und Teil 2 der Prüfung:

schriftlicher Prüfungsbereich		**Aufgabenart**	**Zeit in Minuten**	**Gewichtung der Prüfungsbereiche für das Gesamtergebnis**
Teil 1	Verkauf und Marketing	ungebundene Aufgaben	90	15 %
	Warenwirtschaft und Rechnungswesen	gebundene Aufgaben	60	10 %
	Wirtschafts- und Sozialkunde	gebundene Aufgaben	60	10 %
Teil 2	Geschäftsprozesse im Einzelhandel	ungebundene Aufgaben	105	25 %
	Fachgespräch	–	20	40 %

<table>
<tr><th colspan="4">Mindestleistungen zum Bestehen der Abschlussprüfung</th></tr>
<tr><td rowspan="3">Teil 1</td><td>Verkauf und Marketing</td><td rowspan="3">In diesem Teil können auch Leistungen < 50 Punkte erbracht werden, wenn andere Prüfungsleistungen das ausgleichen.</td><td rowspan="5">im Gesamtergebnis mindestens ausreichende Leistungen</td></tr>
<tr><td>Warenwirtschaft und Rechnungswesen</td></tr>
<tr><td>Wirtschafts- und Sozialkunde</td></tr>
<tr><td rowspan="2">Teil 2</td><td>Geschäftsprozesse im Einzelhandel</td><td>mindestens ausreichende Leistungen</td></tr>
<tr><td>Fachgespräch</td><td>mindestens ausreichende Leistungen</td></tr>
</table>

Sollte der Prüfungsbereich „Geschäftsprozesse im Einzelhandel“ unter 50 Punkte bewertet worden sein, haben Sie die Möglichkeit, eine mündliche Ergänzungsprüfung von 15 Minuten zu machen, wenn dadurch die Prüfung bestanden wird. Die Vorleistung hat bei der Feststellung der Note nach erfolgter Ergänzungsprüfung das doppelte Gewicht.

2 Aufbau des Prüfungstrainings

Dieser Prüfungstrainer orientiert sich an den Vorgaben der Verordnung und dem Stoffkatalog der AKA. Das heißt, es werden nur Aufgaben gestellt, die inhaltlich so auch bei der IHK gestellt werden könnten. Bei der Darstellung der Aufgaben folgt dieser Prüfungstrainer im Wesentlichen ebenfalls der Kammerprüfung.

Für den schriftlichen Prüfungsteil ist für jede Aufgabe die zu erreichende Punktzahl angegeben. Insgesamt finden Sie in diesem Prüfungstrainer fünf Prüfungen für den Prüfungsbereich „Geschäftsprozesse im Einzelhandel" und zur Vorbereitung auf die mündliche Prüfung acht Fachgespräche entsprechend den acht möglichen Wahlpflichtqualifikationen.

3 Arbeiten mit dem Prüfungstrainer

Den größtmöglichen Nutzen im Hinblick auf das erfolgreiche Bestehen der Abschlussprüfung bringt der Prüfungstrainer Ihnen dann, wenn Sie die Prüfungen mehrmals durchgehen. Daher empfiehlt es sich, zunächst nicht in den Prüfungstrainer hineinzuschreiben und die Beantwortung der Fragen auf einem Blatt Papier vorzunehmen. Erst unmittelbar vor der Prüfung sollten Sie die Eintragungsmöglichkeiten in diesem Buch nutzen und Ihre Antworten direkt in die dafür vorgesehenen Felder eintragen. Sie erhalten somit die Möglichkeit einer Generalprobe, die der tatsächlichen Abschlussprüfung sehr nahe kommt.

Beachten Sie spätestens beim letzten Durchgang die Zeitvorgaben im jeweiligen Prüfungsbereich. Sollten Sie bei der Erstbearbeitung und den anschließenden Wiederholungen der Prüfung Aufgaben nicht lösen können, so schlagen Sie das dort angesprochene Thema in Ihrem Lehrbuch „Ausbildung im Einzelhandel" nach.

Nutzen Sie auch das Buch „Verstehen – bestehen" – Prüfungswissen Einzelhandel (ISBN 978-3-06-151019-0).

Viel Erfolg!

Prüfung 1

Prüfungsbereich: Geschäftsprozesse im Einzelhandel

Aufgabe 1 (42 Punkte)
Sie sind zurzeit im Lager der Beska GmbH eingesetzt. Zu Ihren Aufgaben zählen alle Tätigkeiten der Lagerverwaltung.

a Die Beska GmbH verfügt über ein Verkaufs- und ein Reservelager. Unterscheiden Sie beide Lagerarten mit Hilfe der unterschiedlichen Aufgaben, die diese Lagerarten erfüllen. **(6 Punkte)**

b Durch die Lagerhaltung entstehen der Beska GmbH Kosten, vor allem durch Kapitalbindung. Beschreiben Sie, was damit gemeint ist. **(4 Punkte)**

c Für die Lagerorganisation beachtet die Beska GmbH z. B. die Lagergrundsätze

- Übersichtlichkeit,
- Sachgerechtigkeit,
- Geräumigkeit und
- Sicherheit.

Erläutern Sie diese vier Lagergrundsätze. **(8 Punkte)**

d Um die Kosten der Lagerhaltung so gering wie möglich zu halten, richtet sich die Beska GmbH nach der optimalen Lagergröße. Erläutern Sie den Begriff der optimalen Lagergröße und gehen Sie in diesem Zusammenhang auch auf die Wirtschaftlichkeit der Lagerhaltung ein. **(6 Punkte)** e Zum Erhalt und zur Kontrolle der Wirtschaftlichkeit der Lagerhaltung nutzt die Beska GmbH Lagerbestandskennzahlen. Erläutern Sie die Lagerbestandskennzahlen:

- Mindestbestand
- Höchstbestand
- Meldebestand
- durchschnittlicher Lagerbestand

Geben Sie für die letzten beiden Bestandskennzahlen auch eine Berechnungsformel an. **(12 Punkte)** f Nicht nur die Bestände müssen am Lager beobachtet werden, sondern auch die Veränderungen durch die Warenbewegungen, die es am Lager gibt. Dazu dienen der Beska GmbH die Lagerbewegungskennzahlen

- Umschlagshäufigkeit und
- durchschnittliche Lagerdauer.

Erläutern Sie die beiden Lagerbewegungskennzahlen. Geben Sie auch eine Formel an, mit der diese Zahlen berechnet werden können. **(6 Punkte)**

Aufgabe 2 (22 Punkte)

Sie sind zuständig für Lederwaren und überprüfen die Wirtschaftlichkeit des Artikels „Journey", einem Reisekoffer. Der aktuelle Bankzinssatz beträgt 9 % p. a.

Lederkoffer „Journey" Einstandspreis 120,00 €	Warenbestände Stück	Verkäufe Gesamtjahr Stück
Anfangsbestand 01.01. Endbestand 31.03. Endbestand 30.06. Endbestand 30.09. Endbestand 31.12.	48 40 45 27 15	
		140

a Ermitteln Sie anhand der oben stehenden Inventurdaten die nachfolgenden Werte. **(10 Punkte)**

a 1 Durchschnittlicher Lagerbestand in Euro

a 2 Umschlagshäufigkeit

a 3 Durchschnittliche Lagerdauer

a 4 Lagerzinsen, bezogen auf die durchschnittliche Lagerdauer

a 5 Nennen Sie fünf weitere Kosten, die neben den Lagerzinsen für die Lagerhaltung im Einzelhandel entstehen.

b Die Lederkofferserie „Journey“ hat einen Einstandspreis von 120,00 €. Es stehen folgende Daten für die Kalkulation zur Verfügung:

Umsatzsteuer	19 %	**Handlungskostenzuschlag**	75 %
Kalkulationszuschlag	125 %	**Kalkulationsabschlag**	47,01 %

b 1 Berechnen Sie pro Stück die nachfolgenden Werte. **(8 Punkte)**

Bruttoverkaufspreis

Nettoverkaufspreis

Rohgewinn

Reingewinn

b 2 Begründen Sie mit zwei Argumenten, warum ein Unternehmer Gewinn erzielen muss. **(2 Punkte)**

b 3 Beschreiben Sie zwei unterschiedliche Möglichkeiten, den Gewinn pro Lederkoffer „Journey“ zu erhöhen. **(2 Punkte)**

Aufgabe 3 (36 Punkte)
Für die Welt der Einzelhändler wird die Generation 60+ immer interessanter. Diese Gruppe ist konsumfreudig und hat häufig auch das nötige Kleingeld. Laut GfK (Marktforschungsinstitut) steht ein Drittel der über 60-Jährigen finanziell gut da und gibt 80 % des ausgabefähigen Einkommens für Konsumzwecke aus.

Ein Markt mit vielen Chancen. Aus diesem Grund hat sich die Beska GmbH entschlossen, ihr Sortiment in der Warengruppe 01 (Körperpflege/Kosmetik) auszuweiten.

a Erläutern Sie drei Maßnahmen zur Sortimentsanpassung und beziehen Sie Ihre Antwort auf die Zielgruppe 60+. **(6 Punkte)**

b Die Beska GmbH hat sich für eine Pflegeserie „Hautcreme für die reifere Haut" entschlossen und möchte eine Werbekampagne dazu durchführen. Erläutern Sie die fünf Werbegrundsätze, die zu beachten sind. **(10 Punkte)**

c Nennen Sie je zwei Beispiele für Werbeträger und Werbemittel, mit denen die Beska GmbH ihre neue Pflegeserie „Hautcreme für die reifere Haut" auf dem Markt bekanntmachen kann. **(4 Punkte)**

d Erläutern Sie, mit welcher Formel die Beska GmbH eine Werbeerfolgskontrolle durchführen kann. Welche externen Einflüsse muss die Beska GmbH außerdem beachten? **(4 Punkte)**

PRÜFUNG 1

e Nehmen Sie zu der Werbeaussage eines Konkurrenzunternehmens Stellung:
„Stiftung Warentest beurteilte unsere Produkte aus der Pflegeserie ‚Gut für die ältere Haut' mit der Note gut." **(4 Punkte)**

f Die Kaufentscheidung für ein Produkt wird in den meisten Fällen erst am Verkaufsregal getroffen. Je kundenfreundlicher die Warenpräsentation ist, desto schneller fällt die Kaufentscheidung. Machen Sie einen begründeten Vorschlag zur Regalplatzierung der Pflegeserie „Hautcreme für die reifere Haut" in der Kosmetikabteilung der Beska GmbH. **(4 Punkte)**

g Die Beska GmbH denkt bei der Sortimentserweiterung zu ihrer neuen Pflegeserie über Rack-Jobbing und Kommissionskauf nach. Erläutern Sie beide Begriffe. **(4 Punkte)**

Prüfung 2

Prüfungsbereich: Geschäftsprozesse im Einzelhandel

Aufgabe 1 (29 Punkte)
Das Sortiment der Beska GmbH soll um eine besonders leistungsstarke 20-Watt-LED-Lampe erweitert werden. Dazu liegen die Angebote von zwei verschiedenen Großhändlern vor:

- Großhändler Schiller KG bietet die 20-Watt-LED-Lampe zu einem Listeneinkaufspreis von 3,99 € an. Ab einer Bestellmenge von 100 Stück gewährt die Großhandlung 7 %, ab einer Bestellmenge von 500 Stück gewährt sie 10 % Mengenrabatt. Bei Zahlung innerhalb von 7 Tagen dürfen 3 % Skonto abgezogen werden. Für den Versand der Ware fallen noch 0,08 € je Stück an.
- Großhändler Meise e. Kfm. gewährt generell, unabhängig von der Bestellmenge, 11 % Wiederverkäuferrabatt. Bei Meise lauten die Zahlungsbedingungen: 20 Tage netto Kasse. Für den Versand der Ware berechnet er 0,15 € je Stück. Der Listeneinkaufspreis beträgt 3,70 €.

a Berechnen Sie den Gesamtbezugspreis und den Stückpreis je 20-Watt-LED-Lampe für beide Lieferanten, wenn eine Bestellmenge von 150 Stück geplant ist. **(6 Punkte)**

b Erläutern Sie drei Gründe, die für die geplante Sortimentserweiterung sprechen. **(6 Punkte)** c Beschreiben Sie die Aufgabe eines quantitativen Angebotsvergleichs und nennen Sie vier mögliche Kriterien. **(5 Punkte)**

d Erklären Sie zwei qualitative Entscheidungskriterien, die über die Quantität hinaus sehr wichtig sind. **(4 Punkte)**

e Warum bestellen erfahrene Einkäufer nur selten bei einem einzigen Lieferanten, sondern verteilen die Bestellungen auch auf andere Lieferanten, obwohl diese möglicherweise teurer sind? **(4 Punkte)**

f Sie bestellen den Posten 20-Watt-LED-Lampen bei Meise e. Kfm., erhalten die Lieferung und bezahlen die Rechnung versehentlich unter Abzug von 2 % Skonto. Ist unter diesen Umständen ein rechtsgültiger Kaufvertrag zu Stande gekommen? **(4 Punkte)**

PRÜFUNG 2

Aufgabe 2 (29 Punkte)
Sie sind zurzeit im Lager der Beska GmbH eingesetzt. Zu Ihren Aufgaben zählen alle Tätigkeiten der Lagerverwaltung. Gleichzeitig führen Sie auch alle Aufgaben im Rahmen der kaufmännischen Verwaltung des Anlagevermögens durch.

a Zu Ihren Aufgaben zählt unter anderem auch die Durchführung der Inventur. Erläutern Sie, was unter der Inventur zu verstehen ist. **(4 Punkte)**

b Der Gesetzgeber hat in § 241 HGB festgelegt, welche Verfahren für die Inventur möglich sind. Der Kaufmann kann die für sein Unternehmen geeignete Methode bestimmen. Erläutern Sie zwei verschiedene Inventurarten. **(4 Punkte)** c Sie haben bei der letzten Inventur der Warenbestände Inventurdifferenzen festgestellt. Erklären Sie den Begriff der Inventurdifferenz und erläutern Sie vier Ursachen, die zu Inventurdifferenzen führen können. **(6 Punkte)**

d Die Beska GmbH verfügt über ein umfangreiches Anlagevermögen. Hierzu zählen unter anderem das Geschäftsgebäude in der Innenstadt, die Ladenausstattung und der Fuhrpark.

d 1 Das Anlagevermögen unterliegt im Zeitablauf einem Wertverlust. Nennen Sie drei Ursachen für diesen Wertverlust. **(3 Punkte)**

d 2 Der Gesetzgeber ermöglicht es dem Kaufmann, diesen Wertverlust als Abschreibung in seiner Buchhaltung zu erfassen. Erläutern Sie, wie die Abschreibung in der Buchhaltung des Einzelhändlers erfasst wird und welche Auswirkung dies auf den Gewinn und die damit zu zahlende gewinnabhängige Steuer des Einzelhändlers hat. **(6 Punkte)**

d 3 Durch die Abschreibung erhält der Kaufmann die Möglichkeit, nach Ablauf der Nutzungsdauer des entsprechenden Anlagegutes ein neues Anlagegut zu erwerben. Erläutern Sie in diesem Zusammenhang dieses Verfahren. **(6 Punkte)**

Aufgabe 3 (42 Punkte)

Sie sind Mitarbeiter der Beska GmbH und im Controlling tätig. Zurzeit sind Sie damit beschäftigt, für das vergangene halbe Jahr eine abteilungsbezogene Deckungsbeitragsrechnung zu erstellen, um daraus ggf. unternehmerische Entscheidungen abzuleiten. Zusätzlich betreuen Sie einen Auszubildenden des 3. Ausbildungsjahres, der bei Ihnen die Grundzüge des Controllings kennen lernen soll.

a Der Auszubildende hat bisher noch nie etwas von der Deckungsbeitragsrechnung gehört. Erläutern Sie dem Auszubildenden das Wesen der Deckungsbeitragsrechnung. Welche grundsätzliche Aussage lässt sich mit dem Deckungsbeitrag für eine Abteilung oder für verschiedene Artikel eines Sortiments treffen? **(3 Punkte)**

b In der Deckungsbeitragsrechnung werden die Begriffe variable und fixe Kosten verwendet. Erläutern Sie die beiden Begriffe und nennen Sie jeweils zwei Beispiele aus dem Einzelhandelsbetrieb. **(6 Punkte)**

c Vervollständigen Sie die Deckungsbeitragsrechnung, indem Sie mit den Ergebnissen der Buchführung die Deckungsbeiträge 1–3 für die Abteilung Bekleidung ermitteln. Ermitteln Sie anschließend den Betriebsgewinn gesamt. **(9 Punkte)**

kurzfristige Erfolgsrechnung Quartal I–II		**Abteilungen**			
	gesamt (in €)	**Bekleidung (in €)**	**Lederwaren (in €)**	**Spielwaren (in €)**	**Kosmetik (in €)**
Umsatzerlöse (netto)			120.000	543.000	136.000
– variable Kosten I (Wareneinsatz)			37.000	324.000	67.000
= Deckungsbeitrag I (Rohgewinn)			83.000	219.000	69.000
– variable Kosten der Abteilungen			35.000	85.000	21.000
= Deckungsbeitrag II			48.000	134.000	48.000
– abteilungsbezogene Fixkosten			25.000	45.000	25.000
= Deckungsbeitrag III			23.000	89.000	23.000
– unternehmensbezogene Fixkosten:					
Personalkosten	30.000				
Energiekosten	8.000				
Wasserkosten	5.500				
Instandhaltungskosten	3.600				
Steuern, Versicherungen	17.800				
Sonstige Kosten	24.300				
= Betriebsgewinn					

Salden der Konten zum Ende des II. Quartals:
- Gehälter der Verkäufer Abteilung Bekleidung 47.000 €
- Abschreibung auf Sachanlagen der Abteilung Bekleidung 8.000 €
- Umsatzprämien der Verkäufer Abteilung Bekleidung 25.000 €
- Nettoumsatz der Abteilung Bekleidung 380.000 €
- Wareneinsatz Bekleidung 180.000 €
- Werbekosten für die Abteilung Bekleidung 100.000 €

PRÜFUNG 2

d Analysieren Sie die vorliegende Deckungsbeitragsrechnung der Beska GmbH für die Abteilungen Bekleidung und Kosmetik. Vergleichen Sie dabei die Ergebnisse der Abteilungen Bekleidung und Kosmetik miteinander. Erläutern Sie eine mögliche Ursache für die jeweiligen Ergebnisse und nennen Sie jeweils eine mögliche Maßnahme, die Sie aufgrund Ihrer Erkenntnisse ergreifen würden, um die Deckungsbeiträge der beiden Abteilungen zu verbessern. **(6 Punkte)**

e Die Werbekosten werden entweder berücksichtigt bei der Ermittlung des Deckungsbeitrags III oder erst bei der Berechnung des Betriebsgewinns. Begründen Sie diese unterschiedlichen Berechnungen/Zuordnungen jeweils anhand eines Beispieles. **(4 Punkte)**

f Aufgrund der Deckungsbeitragsrechnung für die einzelnen Abteilungen sollen nun die Sortimente der einzelnen Abteilungen überprüft werden. Nachfolgender Auszug aus dem Warenwirtschaftssystem (WWS) der Abteilung Spielwaren liegt Ihnen vor. **(6 Punkte)**

Abteilung	**Spielwaren**
Warengruppe	**Fahrgeräte**
Artikel	**Bobbycar**
Bezugspreis	25,00 €
Bruttoverkaufspreis	29,95 €
Anfangsbestand	1.625,00 €
Wareneingang	3.375,00 €
Endbestand	375,00 €

Ermitteln Sie für den Artikel

f 1 Wareneinsatz in Euro,

f 2 Absatz in Stück,

f 3 Bruttoumsatz in Euro,

f 4 Handelsspanne in Prozent,

f 5 Warenrohgewinn gesamt, in Euro,

f 6 Warenrohgewinn je Stück.

g In der Abteilungsleiterkonferenz wird beraten, ob der Artikel Bobbycar aus dem Sortiment genommen werden soll, da aufgrund der Marktsituation der Bruttoverkaufspreis nicht angehoben werden kann. Erläutern Sie jeweils ein Argument, das für diese Sortimentsbereinigung spricht, und ein Argument, das für den Verbleib des Artikels im Sortiment spricht. **(4 Punkte)**

h Die Abteilungsleiterkonferenz entscheidet sich für den Verbleib dieses Artikels im Sortiment. Der Bezugs- und der Verkaufspreis bleiben unverändert und somit wird ein negativer Deckungsbeitrag II wahrscheinlich, der jedoch bewusst in Kauf genommen wird. Welche Preisstrategie wird bei diesem Artikel angewandt? Nennen und erläutern Sie diese. **(4 Punkte)**

Prüfung 3

Prüfungsbereich: Geschäftsprozesse im Einzelhandel

Aufgabe 1 (36 Punkte)
Sie sind zurzeit in der Abteilung Rechnungswesen der Beska GmbH eingesetzt. Zu Ihren Aufgaben zählt unter anderem die Verwaltung des Anlagevermögens der Beska GmbH.

a Sie erhalten die vorliegende Rechnung und sollen die Kasse in das Verzeichnis des Anlagevermögens aufnehmen. Führen Sie alle notwendigen Berechnungen durch und tragen Sie die Ergebnisse in das Verzeichnis des Anlagevermögens auf der nächsten Seite ein. **(8 Punkte)**

KASSEN ALLER ART
Münzer & Renkel OHG
Steinhagen

Beska GmbH
Berliner Superkauf GmbH
Tauentzienstr. 60
10789 Berlin

Rechnung	20X1-01-03
Kasse LC 52	85.000,00 €
10 % Rabatt	8.500,00 €
	76.500,00 €
Anlieferung	550,00 €
Installation	2.000,00 €
	79.050,00 €
19 % Umsatzsteuer	15.019,50 €
Rechnungsbetrag	94.069,50 €

Zahlungsbedingungen: 30 Tage netto Kasse

b Aufgrund einer EDV-Störung sind einzelne Werte aus dem Anlagenverzeichnis verloren gegangen. Ergänzen Sie bitte die fehlenden Werte im vorliegenden Verzeichnis des Anlagevermögens, indem Sie die leeren Felder auf der nächsten Seite ausfüllen. **(18 Punkte)**

PRÜFUNG 3

Verzeichnis des Anlagevermögens (zu Aufgabe 1a)

Anlagegut	*Kasse LC 52*	
Anschaffungskosten		
Jahr der Anschaffung		
Nutzungsdauer	*8 Jahre*	
Abschreibungsmethode	*linear*	
Ende Jahr	AfA	Restwert/Buchwert
20X1		

Verzeichnis des Anlagevermögens (zu Aufgabe 1b)

Anlagegut	*Lieferwagen/Pkw*	
Anschaffungskosten		
Jahr der Anschaffung	*20X1*	
Nutzungsdauer		
Abschreibungsmethode	*linear*	
Ende Jahr	AfA	Restwert/Buchwert
20X1	*14.000,00 €*	*70.000,00 €*
20X2		*56.000,00 €*
20X3		*42.000,00 €*

Anlagegut	*Kühleinrichtung*	
Anschaffungskosten		
Jahr der Anschaffung	*20X1*	
Nutzungsdauer	*8 Jahre*	
Abschreibungsmethode		
Ende Jahr	AfA	Restwert/Buchwert
20X1	*600,00 €*	
20X2	*600,00 €*	
20X3	*600,00 €*	

c Die Beska GmbH kauft zwei neue Büroschränke zum Listenpreis für je 790,00 € netto. Da die Beska GmbH ein langjähriger Kunde des Büroausstatters ist, erhält sie 20 % Treuerabatt auf die Büroschränke. Der Büroausstatter liefert die Büroschränke an und berechnet dafür noch insgesamt 80,00 € für den Transport und 10,00 € für die Verpackung der empfindlichen Büroschränke. Wie hoch sind die Anschaffungskosten für einen Büroschrank? **(10 Punkte)**

Aufgabe 2 (42 Punkte)
Herr Walterscheid, 59 Jahre alt, ist Alleininhaber eines Warenhauses im Sauerland: Kaufhaus Sauerland e. K. Herr Walterscheid beschäftigt im Unternehmen seine Frau Else, 57 Jahre, und seine Töchter Dörthe, 28 Jahre, und Sabine, 25 Jahre, die nach ihrem Architekturstudium zur Unterstützung der Eltern ins elterliche Unternehmen zurückgekehrt ist. Sabine hat nun ein Angebot erhalten, sich in Berlin an einem Architektenbüro zu beteiligen. Das wird Auswirkungen auf das Unternehmen von Herrn Walterscheid haben, denn Sabine möchte als Unternehmensanteil 80.000 € ausgezahlt haben. Dörthe möchte dagegen im Unternehmen gerne mitentscheiden können, denn sie hat eine Ausbildung als Kauffrau im Einzelhandel gemacht und arbeitet seitdem im Unternehmen ihres Vaters. Ihr Vater wäre für eine Entlastung bei Arbeit und Verantwortung dankbar.

a Nennen Sie je drei Vor- und Nachteile eines Einzelunternehmens. **(12 Punkte)**

b Entscheiden Sie, ob Sabine einen rechtlichen Anspruch auf die gewünschte Summe hat. **(8 Punkte)**

c Herr Walterscheid ist bereit, sein Unternehmen neu zu ordnen. Er denkt dabei an eine Kommanditgesellschaft, zumal seine Ehefrau Else gerade 500.000 € geerbt hat, die sie bereit wäre, ins Unternehmen einzubringen. Sie möchte aber allenfalls mit diesem Geld und nicht mit ihrem Privatvermögen für die Verbindlichkeiten des Unternehmens haften. Auch Sabine ist bereit, eine größere Summe in das Unternehmen zu investieren, sie will aber auf gar keinen Fall weiter mitarbeiten. Herr Walterscheid möchte weiterhin das Geschäft führen, ist aber bereit, Dörthe Verantwortung zu übertragen. Begründen Sie, ob Herrn Walterscheids Entscheidung für eine KG richtig ist. Machen Sie dabei auch Vorschläge für die Ausgestaltung des Gesellschaftsvertrages und die Firma. **(10 Punkte)**

d Nach der Umgestaltung des Unternehmens läuft das Geschäft so gut, dass Dörthe und Herr Walterscheid beabsichtigen, aus dem Warenhaus eine Discountkette zu machen. Begründen Sie, ob Sabine die Möglichkeit hat, das zu verhindern. **(6 Punkte)**

e Die danach folgenden Wirtschaftsjahre sind nicht mehr so erfolgreich, sodass schließlich ein Insolvenzverfahren eröffnet wird. Beschreiben Sie, welches Ziel ein Insolvenzverfahren hat und wie es abläuft. Sie brauchen dabei nicht die Berechnung der Insolvenzmasse zu beschreiben. **(6 Punkte)**

Aufgabe 3 (22 Punkte)
Ein Mitbewerber der Beska GmbH, das Warenhaus Kaufrausch, bewirbt seine Tennisrackets wie folgt:

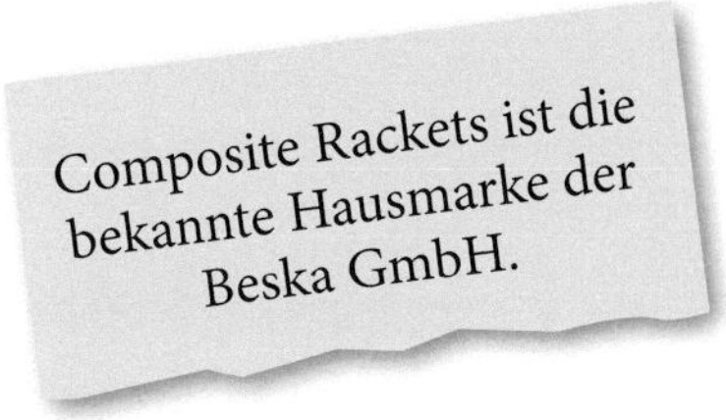

PRÜFUNG 3

a Beurteilen Sie, ob diese Werbung gegen das Gesetz gegen den unlauteren Wettbewerb (UWG) verstößt. **(8 Punkte)**

b Nennen Sie die zwei Gruppen von Marktteilnehmern, die durch das UWG geschützt werden, und begründen Sie, warum diese durch das UWG geschützt werden. **(4 Punkte)**

c Nennen Sie vier unlautere geschäftliche Handlungen, die im § 4 UWG aufgezählt werden. **(4 Punkte)**

d Welche Rechtsfolgen können sich bei einem Verstoß gegen das UWG ergeben? **(6 Punkte)**

Prüfung 4

Prüfungsbereich: Geschäftsprozesse im Einzelhandel

Aufgabe 1 (31 Punkte)

Die Beska GmbH sucht einen neuen Mitarbeiter für die Stelle des Substituten in der Werkzeugabteilung.

a Nennen Sie vier Auswahlkriterien bei der Personalauswahl. **(2 Punkte)**

b Nennen Sie zwei Unterlagen des Bewerbers, die Sie bei der Bewerberauswahl nutzen möchten, um zu einer Entscheidung zu kommen. **(1 Punkte)**

c Die Beska GmbH hat Herrn Lothar Stein als Substitut für die Warengruppe Werkzeug eingestellt. Herr Stein steigt mit einem Bruttoverdienst von 2.292,00 € ein. Die Beska GmbH zahlt vermögenswirksame Leistungen in Höhe von 13,67 €. Monatlich spart Herr Stein 40,00 € für einen vermögenswirksamen Sparvertrag. Für den Monat Oktober erhält Herr Stein eine Umsatzprämie in Höhe von 275,00 €. Für Herrn Stein sind beim Bundeszentralamt für Steuern 50,00 € als monatlicher Steuerfreibetrag eingetragen.

Personal-Nr. 70

Nachname	Stein
Vorname	Lothar
PLZ	14163
Ort	Berlin
Straße	An der Scheele 10
Telefon	030 89 75 58 23
Bank	Berliner Bank
BIC	BEBADEBB211
IBAN	DE68 1002 0000 0001 2581 28
Krankenkasse	HaMü 14,6*%
Geburtsdatum	30.07.1965
Familienstand	ledig
Kinder	keine
Konfession	römisch-katholisch
Pflegeversicherung	3,05 %
zusätzl. Arbeitnehmeranteil zur PV für Kinderlose	0,25 %
Arbeitslosenversicherung	2,5 %
Rentenversicherung	18,6 %

* + Zusatzbeitrag 0,9 %

Monat von 2.522,99 € bis 2.549,99 €

Lohn/ Gehalt bis	Steuerklasse	Lohnsteuer	ohne Kinderfreibetrag			0,5		
			SolZ 5,5%	Kirchensteuer 8%	Kirchensteuer 9%	SolZ 5,5%	Kirchensteuer 8%	Kirchensteuer 9%
2.522,99	I	306,75	16,87	24,54	27,60	12,15	17,67	19,88
	II	262,00	14,41	20,96	23,58	9,83	14,30	16,08
	III	88,33	0,00	7,06	7,94	0,00	2,53	2,84
	IV	306,75	16,87	24,54	27,60	14,47	21,05	23,68
	V	580,66	31,93	46,45	52,25			
	VI	615,00	33,82	49,20	55,35			
2.525,99	I	307,50	16,91	24,60	27,67	12,18	17,72	19,94
	II	262,75	14,45	21,02	23,64	9,86	14,35	16,14
	III	89,00	0,00	7,12	8,01	0,00	2,57	2,89
	IV	307,50	16,91	24,60	27,67	14,51	21,11	23,75
	V	581,50	31,98	46,52	52,33			
	VI	616,00	33,88	49,28	55,44			
2.528,99	I	308,16	16,94	24,65	27,73	12,22	17,78	20,00
	II	263,41	14,48	21,07	23,70	9,90	14,40	16,20
	III	89,50	0,00	7,16	8,05	0,00	2,60	2,92
	IV	308,16	16,94	24,65	27,73	14,55	21,16	23,81
	V	582,66	32,04	46,61	52,43			
	VI	617,00	33,93	49,36	55,53			
2.531,99	I	308,91	16,99	24,71	27,80	12,26	17,83	20,06
	II	264,08	14,52	21,12	23,76	9,94	14,46	16,26
	III	90,16	0,00	7,21	8,11	0,00	2,64	2,97
	IV	308,91	16,99	24,71	27,80	14,59	21,22	23,87
	V	583,50	32,09	46,68	52,51			
	VI	618,00	33,99	49,44	55,62			
2.534,99	I	309,66	17,03	24,77	27,86	12,30	17,89	20,12
	II	264,83	14,56	21,18	23,83	9,97	14,51	16,32
	III	90,66	0,00	7,25	8,15	0,00	2,68	3,01
	IV	309,66	17,03	24,77	27,86	14,63	21,28	23,94
	V	584,50	32,14	46,76	52,60			
	VI	619,00	34,04	49,52	55,71			
2.537,99	I	310,33	17,06	24,82	27,92	12,33	17,94	20,18
	II	265,50	14,60	21,24	23,89	10,01	14,56	16,38
	III	91,16	0,00	7,29	8,20	0,00	2,72	3,06
	IV	310,33	17,06	24,82	27,92	14,66	21,33	23,99
	V	585,66	32,21	46,85	52,70			
	VI	620,00	34,10	49,60	55,80			
2.540,99	I	311,08	17,10	24,88	27,99	12,37	18,00	20,25
	II	266,25	14,64	21,30	23,96	10,05	14,62	16,44
	III	91,83	0,00	7,34	8,26	0,00	2,76	3,10
	IV	311,08	17,10	24,88	27,99	14,70	21,39	24,06
	V	586,66	32,26	46,93	52,79			
	VI	621,00	34,15	49,68	55,89			
2.543,99	I	311,83	17,15	24,94	28,06	12,41	18,05	20,30
	II	266,91	14,68	21,35	24,02	10,08	14,67	16,50
	III	92,33	0,00	7,38	8,30	0,00	2,78	3,13
	IV	311,83	17,15	24,94	28,06	14,74	21,44	24,12
	V	587,66	32,32	47,01	52,88			
	VI	622,00	34,21	49,76	55,98			
2.546,99	I	312,50	17,18	25,00	28,12	12,44	18,10	20,36
	II	267,58	14,71	21,40	24,08	10,12	14,72	16,56
	III	93,00	0,00	7,44	8,37	0,00	2,82	3,17
	IV	312,50	17,18	25,00	28,12	14,78	21,50	24,19
	V	588,50	32,36	47,08	52,96			
	VI	623,00	34,26	49,84	56,07			
2.549,99	I	313,25	17,22	25,06	28,19	12,48	18,16	20,43
	II	268,33	14,75	21,46	24,14	10,15	14,77	16,61
	III	93,50	0,00	7,48	8,41	0,00	2,86	3,22
	IV	313,25	17,22	25,06	28,19	14,82	21,56	24,25
	V	589,50	32,42	47,16	53,05			
	VI	624,00	34,32	49,92	56,16			

Der Personalstammdatei können Sie die weiteren Daten entnehmen. Die Beitragssätze zu den Sozialversicherungen gelten unabhängig von der aktuellen Gesetzeslage. Die Steuerabzüge entnehmen Sie bitte der Lohnsteuertabelle auf Seite 31 (Kirchensteuersatz = 9 %). Erstellen Sie für den Oktober mit Hilfe des Formulars die Gehaltsabrechnung für Herrn Stein. **(8 Punkte)**

Gehaltsabrechnung der Beska GmbH

Beska BERLINER SUPERKAUF GMBH

Personalnummer:	Lfd. Abrechnung für Monat:			
Name, Adresse	**Lohnsteuermerkmale**			
	Steuer-klasse	Kinder-freibetrag	Konf.	
	Sozialversicherungsmerkmale			
	KV	PV	RV	AV
	allg. Beitragsatz			
	AN-Beitragsatz			

	€
Bruttoverdienst	
+ Provisionen, Prämien	
+ vermögenswirksame Leistungen des AG	
+ Sonderzahlungen (Urlaubs-, Weihnachtsgeld)	
= sozialversichungspflichtiges Bruttoentgelt	
– Steuerfreibetrag	
= steuerpflichtiges Bruttoentgelt	
– Lohnsteuer	
– Solidaritätszuschlag	
– Kirchensteuer	
– Krankenversicherung	
– Pflegeversicherung	
– Rentenversicherung	
– Arbeitslosenversicherung	
= Summe gesetzlicher Abzüge	
– vermögenswirksame Sparleistungen des AN	
– Vorschuss	
= Summe privater Abzüge	
= Nettoauszahlungsbetrag	

d Zwei Jahre nach der Einstellung heiratet Herr Stein und schon bald bekommt das Ehepaar ein Kind. Frau Stein arbeitet zunächst nicht weiter in ihrem Beruf. Welche Auswirkung hat diese Änderung der Familienverhältnisse auf die Gehaltsabrechnung von Herrn Stein? Berechnen und erläutern Sie die Änderung der Gehaltsabrechnung jeweils am Beispiel der neu zu berechnenden Lohnsteuer und dem Betrag für die Pflegeversicherung. **(4 Punkte)**

e Wie hoch sind die Beitragsbemessungsgrenzen für die Rentenversicherung (West) und die Pflegeversicherung? **(2 Punkte)**

f Erläutern Sie den Sinn der Beitragsbemessungsgrenze.**(2 Punkte)**

g Um die Motivation der Mitarbeiter zu stärken, fordert der Geschäftsführer der Beska GmbH Sie auf, Maßnahmen zur Mitabeitermotivation zu entwickeln. Nennen Sie zwei materielle und zwei immaterielle Maßnahmen, um die Mitarbeitermotivation zu stärken. **(2 Punkte)**

h Für die Werkzeugabteilung muss der Personaleinsatzplan für die kommende Woche erstellt werden. Nennen Sie vier Einflussfaktoren, die Sie bei der Personaleinsatzplanung berücksichtigen müssen. **(2 Punkte)**

i Herr Lothar Stein ist nun seit zwei Jahren bei der Beska GmbH beschäftigt. Leider wird er die Beska GmbH aus familiären Gründen verlassen, denn seine Frau möchte zurück nach Bayern zu ihrer Familie. Zum 01.05.20XX hat Herr Stein eine neue Anstellung in München gefunden. Zu welchem Termin muss Herr Stein spätestens kündigen, um seine neue Anstellung fristgerecht antreten zu können? **(2 Punkte)**

März				
1	8	15	22	29
2	9	16	23	30
3	10	17	24	31
4	11	18	25	
5	12	19	26	
6	13	20	27	
7	14	21	28	

April				
	5	12	19	26
	6	13	20	27
	7	14	21	28
1	8	15	22	29
2	9	16	23	30
3	10	17	24	
4	11	18	25	

Mai					
	3	10	17	24	31
	4	11	18	25	
	5	12	19	26	
	6	13	20	27	
	7	14	21	28	
1	8	15	22	29	
2	9	16	23	30	

j Herr Stein wünscht ein qualifiziertes Arbeitszeugnis. Welche Inhaltspunkte müssen Sie beim qualifizierten Arbeitszeugnis berücksichtigen? Nennen Sie vier Inhaltspunkte! **(2 Punkte)**

k Der Abteilungsleiter war uneingeschränkt mit der Arbeitsleistung von Herrn Stein zufrieden. Als Schulnote würde er ihm eine „1“ bescheinigen. Welche Formulierung verwenden Sie in der Zeugnissprache, um diesen Leistungsstand auszudrücken? **(2 Punkte)**

l Ein anderer Mitarbeiter der Werkzeugabteilung, Klaus Ziegler, ist in seiner Arbeitsleistung leider nicht so konstant und zuverlässig wie Herr Stein. Herr Ziegler kommt ständig zu spät und ist auffällig häufig an Montagen krank gemeldet. Durch dieses Verhalten ist der Betriebsablauf der Beska GmbH empfindlich gestört. Welche arbeitsrechtlichen Möglichkeiten sehen Sie, Herrn Ziegler zu kündigen? **(2 Punkte)**

Aufgabe 2 (20 Punkte)
Als Mitarbeiter der Einkaufsabteilung der Beska GmbH erhalten Sie am 25.11.20XX folgende Mittellung der Geschäftsführung.

Hausmitteilung

Datum: 25.11.20XX

Beska
BERLINER SUPERKAUF GMBH

Absender	Empfänger	Weiterverwendung
☐ Geschäftsleitung	☐ Geschäftsleitung	☐ zur Kenntnisnahme
☒ Verwaltung/Verkauf	☐ Verwaltung/Verkauf	☒ zur Erledigung
☐ Warengruppe ______	☒ Warengruppe 07	☐ zur Stellungnahme
☐ Frau/Herr ______	☐ Frau/Herr ______	

Liebe Mitarbeiter,

wir warten noch immer auf die Lieferung der Tossil-Armbanduhren des Lieferanten Terochron GmbH (siehe Bestellung und Auftragsbestätigung). Wie Sie wissen, benötigen wir die Ware dringend für unsere Weihnachtsaktion „Jedes Jahr eine neue Sammeluhr". Diverse Stammkunden haben bereits ihr Interesse bekundet. Der Verkauf ist für die nächste Woche angekündigt.

K. List

a Prüfen Sie die Fälligkeit der Lieferung. Begründen Sie Ihre Antwort. **(2 Punkte)**

____

____

____

____

____

____

b Was muss die Beska GmbH unternehmen, um den Lieferanten in Lieferungsverzug zu setzen? **(4 Punkte)**

____

____

____

____

Beska
BERLINER SUPERKAUF GMBH

Beska Berliner Superkauf GmbH . Tauentzienstraße 60 . 10789 Berlin

Terochron GmbH
Herr Fritscher
Postfach 10 56 20
69046 Heidelberg

Tauentzienstraße 60
10789 Berlin
Telefon 030 936-0
Telefax 030 936-14
E-Mail info@Beska.de

Ihr Zeichen, Ihre Nachricht vom	Unser Zeichen, unsere Nachricht vom	Telefon	Datum
	saw	030 936-0	14.11.XX

Bestellung 1234

Sehr geehrter Herr Fritscher,

gemäß Ihrer aktuellen Preisliste bestellen wir zu den uns bekannten Allgemeinen Geschäftsbedingungen bei Ihrem Unternehmen:

Artikel	Artikelbezeichnung	Menge
204859	Damen-Armbanduhren „Tossil“	15
204860	Herren-Armbanduhren „Tossil“	15

Wir bitten um unverzügliche Lieferung der Ware.

Mit freundlichen Grüßen

Berliner Superkauf GmbH

i. A. Sonja Sawitzki

Sonja Sawitzki

Beska
Berliner Superkauf GmbH

Tauentzienstraße 60, 10789 Berlin, Geschäftsführer Klaus List
Telefon 030 936-0, Fax 030 936-14, E-Mail info@Beska.de, Web www.Beska.de
Handelsregister Amtsgericht Berlin HR B 98 72, Littenstr. 22–17, 10117 Berlin
Finanzamt Berlin Innenstadt, Siegstr. 235, 10249 Berlin, USt-IdNr. DE136543107
Bankverbindungen Deutsche Bark Berlin, BIC DEUTDEBBXXX, IBAN DE04 1007 0000 0178 6044 23
Landesbank Berlin, BIC BELADEBEXXX, IBAN DE42 1005 0000 0103 0164 02

Terochron GmbH

Terochron GmbH · Postfach 105620 · 69046 Heidelberg

Beska GmbH
Frau Sonja Sawitzki
Tauentzienstraße 60
10789 Berlin

Ihr Zeichen, Ihre Nachricht vom	Unser Zeichen, unsere Nachricht vom	Telefon	Datum
saw, 14.11.20XX	fri	06221 96385	16.11.XX

Auftragsbestätigung 458

Sehr geehrte Frau Sawitzki,

besten Dank für Ihre Bestellung. Wir bestätigen wie folgt:

Artikel	Artikelbezeichnung	Menge	Auftragssumme (netto)	Gesamtpreis
204859	Damen-Armband-uhren „Tossil“	15	1.035,00 €	1.231,65 €
204860	Herren-Armband-uhren „Tossil“	15	1.035,00 €	1.231,65 €
			Gesamtsumme:	2.463,30 €

Die Lieferung erfolgt unverzüglich ab Lager, die Versandkosten betragen 3 % vom Warenwert. Die Zahlung erfolgt innerhalb von 30 Tagen ohne Abzug nach Rechnungseingang.

Mit freundlichen Grüßen

Terochron GmbH

i. A. Fritscher

Fritscher

Geschäftsräume Moltkestraße 61, 69046 Heidelberg
Telefon 06221 963852, Telefax 06221 252651, MarkusFritscher@web.de, www.terochron.com
Business-Bank, BIC COBADEFFXXX, IBAN DE07 1004 0010 0002 5841 53
Geschäftsführer: Michael Frei, AG Heidelberg, HRB 9866, Finanzamt Heidelberg, USt-IdNr. DE255768123

PRÜFUNG 4

c Wie kann die Beska GmbH zukünftig sicherstellen, dass Fälligkeit und Eintritt des Lieferungsverzuges zeitlich nicht auseinanderfallen? **(4 Punkte)**

d Der Lieferant teilt Ihnen mit, dass er Lieferschwierigkeiten hat und die 30 Uhren nicht rechtzeitig wird liefern können, da die Nachfrage so groß war und mehr Aufträge angenommen wurden, als produziert werden konnte. Welche Rechte werden Sie in Anspruch nehmen? **(4 Punkte)**

e Der Geschäftsführer der Beska GmbH schlägt vor, demnächst bei Bestellungen bei der Terochron GmbH eine Konventionalstrafe zu vereinbaren.
Was versteht man unter einer Konventionalstrafe? **(4 Punkte)**

f Nennen Sie einen Vorteil für die Beska GmbH, eine Konventionalstrafe zu vereinbaren. **(2 Punkte)**

Aufgabe 3 (27 Punkte)
Sie erhalten als Mitarbeiter der Beska GmbH die folgende Eingangsrechnung und sind beauftragt, diese zu prüfen und anschließend, sofern alles seine Richtigkeit hat, den Ausgleich der Rechnung zu veranlassen. Um Skonto in Anspruch nehmen zu können, muss die Beska GmbH einen Kontokorrentkredit bei ihrer Hausbank aufnehmen. Die Bank berechnet 15 % Zinsen p. a. für den Kontokorrentkredit.

MEIERS WEBEREI

MEIERS WEBEREI · An der Kuhweide 50 · 8976 Filderstadt

Beska GmbH
Tauentzienstr. 60
10789 Berlin

Rechnung Nr: 19874 30.11.20XX

Lieferung: 30.11.20XX

Menge	Artikel-Bezeichnung	Einzelpreis	Betrag in €
90	Weihnachtsdecke	8,00	720,00
150	Elchkissen	15,00	2.250,00
	Nettorechnungsbetrag		2.970,00
	+ 19 % Umsatzsteuer		564,30
	Bruttorechnungsbetrag		3.534,30

Bei Zahlung innerhalb von 10 Tagen ab Rechnungsdatum abzüglich 3 % Skonto, 30 Tage netto Kasse.

a Erläutern Sie jeweils an einem Beispiel, wie Sie die Rechnung rechnerisch und sachlich überprüfen. **(2 Punkte)**

b Bis wann müssen Sie die Überweisung veranlassen, um fristgerecht die Rechnung
- unter Abzug von Skonto zu bezahlen?
- unter Ausnutzung des Zahlungszieles zu bezahlen? **(4 Punkte)**

c Erläutern Sie kurz, was ein Kontokorrentkredit ist. **(2 Punkte)**

d Die Beska GmbH überlegt, ob sie den Lieferantenkredit oder den Kontokorrentkredit der Hausbank in Anspruch nehmen soll.

d 1 Wie viel Euro beträgt der Überweisungsbetrag an den Lieferanten, wenn die Beska GmbH den Lieferantenkredit in Anspruch nimmt? **(2 Punkte)**

d 2 Wie viel Euro würde der Überweisungsbetrag an den Lieferanten betragen, wenn die Beska GmbH unter Abzug von Skonto zahlt? **(2 Punkte)**

d 3 Wie viel Euro Zinsen würde die Beska GmbH für den Lieferantenkredit zahlen? **(2 Punkte)**

d 4 In welcher Höhe müsste die Beska GmbH bei der Hausbank einen Kontokorrentkredit aufnehmen? **(2 Punkte)**

d 5 Wie viel Euro Zinsen müsste die Beska GmbH für den Kontokorrentkredit bei der Hausbank zahlen? **(2 Punkte)**

d 6 Welchen Kredit empfehlen Sie der Beska GmbH? Begründen Sie Ihre Entscheidung, indem sie den Finanzierungsgewinn Ihrer Alternative berechnen. **(3 Punkte)**

e Sie werden beauftragt, die Preisauszeichnung für das Elchkissen zu veranlassen.

e 1 Wie hoch ist der Bezugspreis für ein Elchkissen, wenn noch Versandkosten in Höhe von 120,00 € für die gesamte Lieferung zu berücksichtigen sind? Die Versandkosten werden nach Menge anteilig auf die Artikel verteilt. **(3 Punkte)**

e 2 Wie hoch ist der Bruttoverkaufspreis, wenn die Beska GmbH das Elchkissen mit 40 % Handelsspanne kalkuliert? **(3 Punkte)**

Aufgabe 4 (22 Punkte)
Das Hans Walterscheid Warenhaus e. Kfm. legt zum 31.12.20XX folgende Bilanz vor:

Aktiva	Auszug aus der letzten Bilanz der Hans Walterscheid Warenhaus e. Kfm.		Passiva
Gebäude und Grundstücke	850.000,00 €	Eigenkapital	650.000,00 €
Fuhrpark	55.000,00 €	Hypotheken	350.000,00 €
Betriebs- und Geschäftsausstattung	175.000,00 €	Darlehen	200.000,00 €
Warenbestand	95.000,00 €	Verbindlichkeiten	10.000,00 €
Forderungen	3.000,00 €		
Bankguthaben	27.000,00 €		
Kassenbestand	5.000,00 €		
	1.210.000,00 €		1.210.000,00 €

a Berechnen Sie das Anlagevermögen. **(2 Punkte)**

b Berechnen Sie das Umlaufvermögen. **(2 Punkte)**

c Berechnen Sie das Fremdkapital. **(2 Punkte)**

d Berechnen Sie die Eigenkapitalquote. **(4 Punkte)**

PRÜFUNG 4

e Was sagt die Kennzahl Eigenkapitelquote aus? **(4 Punkte)**

f Beurteilen Sie die Eigenkapitalquote vom Hans Walterscheid Warenhaus e. Kfm. **(4 Punkte)**

g Beschreiben Sie, nach welchen Kriterien die Positionen auf der Aktivseite der Bilanz gegliedert sind. **(2 Punkte)**

h Beschreiben Sie, nach welchen Kriterien die Positionen auf der Passivseite der Bilanz gegliedert sind. **(2 Punkte)**

Prüfung 5

Prüfungsbereich: Geschäftsprozesse im Einzelhandel

Aufgabe 1 (32 Punkte)
Die FL-Shop GmbH ist ein Verbrauchermarkt, der laut Finanzbuchhaltung die folgende GuV-Rechnung vorweist. Im Rahmen der Kosten- und Leistungsrechnung sind Sie für folgende Aufgaben verantwortlich.

a Schließen Sie das GuV-Konto der FL-Shop GmbH ordnungsgemäß ab und ermitteln Sie den Unternehmenserfolg. **(2 Punkte)**

Soll	GuV-Rechnung 20XX		Haben
Aufwendungen für Waren	600.000,00 €	Umsatzerlöse	1.300.000,00 €
Werbeaufwand	125.000,00 €	Provisionserträge im Rahmen der Handelstätigkeit (Kommissionsgeschäft)	38.000,00 €
Stromaufwand	113.000,00 €	Zinserträge	6.100,00 €
Personalaufwand	208.000,00 €	Mieterträge aus Vermietung von Wohnungen	146.000,00 €
Mietaufwand	197.000,00 €		
Gewerbesteuernachzahlung	110.000,00 €		
Verluste aus Wertpapiergeschäften	300.000,00 €		

b Führen Sie mit Hilfe der folgenden Tabelle eine Kostenartenrechnung durch und ermitteln Sie das Betriebsergebnis der FL-Shop GmbH. **(4 Punkte)**

Kosten	in Euro	Leistungen	in Euro

Betriebsergebnis =

c Ermitteln Sie im Rahmen der Kostenstellenrechnung mit Hilfe des BAB:
1 den Erfolg der einzelnen Kostenstellen
2 den Handlungskostenzuschlag je Kostenstelle
3 den Gewinnzuschlag je Kostenstelle
4 die Handelsspanne für alle drei Kostenstellen **(12 Punkte)**

PRÜFUNG 5

Informationen zu den Kostenstellen:

	Lebensmittel	Textil	Non-Food
Wareneinsatz	300.000,00 €	150.000,00 €	150.000,00 €
Umsatzerlöse	625.650,00 €	365.650,00 €	308.700,00 €

BAB			Kostenstellen		
Kosten	**in Euro**	**Verteilungsschlüssel**	**Lebensmittel**	**Textil**	**Non-Food**
Werbeaufwand		2:2:1			
Stromaufwand		3:1:1			
Personalaufwand		2:1:1			
Mietaufwand		4:3:3			
Summe Handlungskosten					
Einzelkosten					
Handlungskostenzuschlag					
Selbstkosten					
Umsatz					
Gewinn/Verlust					
Gewinnzuschlag					
Handelsspanne					

d Für den Artikel Küchenwaage wurde zu Beginn des Geschäftsjahres eine Vorkalkulation durchgeführt. Führen Sie nun eine Nachkalkulation durch, indem Sie mittels des neu ermittelten Handlungskostenzuschlags den tatsächlich erzielten Gewinn in Euro und den Gewinn in Prozent ermitteln (runden Sie dabei auf zwei Stellen nach dem Komma).
Gehen Sie dabei von der Annahme aus, dass der Bruttoverkaufspreis nicht geändert werden kann.
(4 Punkte)

Kalkulationsschema	Vorkalkulation		Nachkalkulation	
Bezugspreis		11,50 €		
+ Handlungskosten	60 %	6,90 €		
= Selbstkosten		18,40 €		
+ Gewinn	35 %	6,44 €		
= Nettoverkaufspreis		24,84 €		
+ 19 % Umsatzsteuer	19 %	4,72 €		
= Bruttoverkaufspreis		29,56 €		

e Die FL-Shop GmbH überlegt, ob sie den Bruttoverkaufspreis für einen Staubsauger senken soll. Die Marktforschungsabteilung hat ermittelt, dass bei einer Preissenkung von 12 % der Absatz um 50 % steigen wird. Prüfen Sie mit Hilfe der nachfolgenden Tabelle, ob bei einer Preissenkung von 12 % und einem erwarteten Mehrabsatz von 50 % auch eine Steigerung des Gesamtdeckungsbeitrages für den Staubsauger zu erwarten ist.

e 1 Warum sinkt der Bezugspreis für den Mehrabsatz auf 14,44 Euro? **(2 Punkte)**

e 2 Wie könnte diese Preiskondition im Lieferantenangebot formuliert sein? Formulieren Sie auszugsweise. **(2 Punkte)**

e 3 Ermitteln Sie
- den um 12 % gesenkten Verkaufspreis.
- die Umsatzsteuer und die neuen Nettoverkaufspreise.
- die neuen Deckungsbeiträge pro Stück (neuen Bezugspreis beachten).
- die neuen Gesamtdeckungsbeiträge.
- die Summe des neuen Deckungsbeitrags. **(5 Punkte)**

Staubsauger	ohne Preissenkung	mit 12 % Preissenkung	
		bisheriger Absatz + Mehrabsatz (= 600 Stück)	
Absatzmenge	400 Stück	400 Stück	200 Stück
Verkaufspreis pro Stück, brutto	41,50 €		
19 % Umsatzsteuer	6,63 €		
Verkaufspreis pro Stück, netto	34,87 €		
Bezugspreis pro Stück	18,00 €	18,00 €	14,44 €
variable Handlungskosten pro Stück	7,00 €	7,00 €	7,00 €
Deckungsbeitrag pro Stück	9,87 €		
Deckungsbeitrag gesamt	3.948,00 €		
Summe Deckungsbeitrag gesamt neu			

e 4 Entscheiden Sie, ob die Preissenkung sich lohnt. Begründen Sie Ihre Ansicht. **(1 Punkte)**

Aufgabe 2 (20 Punkte)
Die Beska GmbH bietet ihren Kunden derzeit die folgenden Zahlungsformen an den Kassen an:

girocard

SEPA Lastschrift

MasterCard

VISA

a Welche drei bargeldlosen Zahlungssysteme bietet die Beska GmbH ihren Kunden an? **(3 Punkte)**

b Vergleichen Sie die drei bargeldlosen Zahlungssysteme anhand von zwei Kriterien miteinander. **(6 Punkte)**

c Bisher konnten die Kunden selbst frei entscheiden, mit welchem Zahlungssystem sie die Ware bezahlen wollten. Zukünftig soll dies nicht mehr vom Kunden entschieden werden. Geben Sie je Zahlungssystem eine Empfehlung und begründen Sie, wann dieses dem Kunden angeboten werden sollte. **(3 Punkte)**

d Eine Kundin möchte mit American Express-Karte bezahlen. Formulieren Sie in wörtliche Rede Ihre Antwort. **(4 Punkte)**

e Nennen Sie jeweils zwei Vorteile und Nachteile des kontaktlosen Bezahlens aus Sicht der Beska GmbH. **(4 Punkte)**

Aufgabe 3 (18 Punkte)

Die Beska GmbH kauft für die Lebensmittelabteilung der Verkaufsräume im Januar eine neue Kühleinrichtung für 142.800,00 € brutto.

a Stellen Sie mithilfe des AfA-Tabellen-Auszugs den zulässigen linearen AfA-Satz fest. **(4 Punkte)**

6	Betriebs- und Geschäftsausstattung	Nutzungsdauer – Jahre
6.1	Wirtschaftsgüter der Werkstätten-, Labor- und Lagereinrichtungen	14
6.2	Wirtschaftsgüter der Ladeneinrichtungen	8
6.3	Messestände	6
6.4	Kühleinrichtungen	8
6.5	Klimageräte (mobil)	11
6.6	Belüftungsgeräte, Entlüftungsgeräte (mobil)	10
6.7	Fettabscheider	5
6.8	Magnetabscheider	6
6.9	Nassabscheider	5
6.10	Heißluftgebläse, Kaltluftgebläse (mobil)	11
6.11	Raumheizgeräte (mobil)	9

b Stellen Sie einen linearen Abschreibungsplan für dieses Anlagegut über die gesamte Nutzungsdauer gemäß AfA-Tabelle auf. Gehen Sie jeweils vom höchstmöglichen AfA-Satz aus. **(4 Punkte)**

	lineare AfA (in Euro)
Anschaffungskosten	
– AfA 1. Jahr	
= Buchwert Ende 1. Jahr	
– AfA 2. Jahr	
= Buchwert Ende 2. Jahr	
– AfA 3. Jahr	
= Buchwert Ende 3. Jahr	
– AfA 4. Jahr	
= Buchwert Ende 4. Jahr	
– AfA 5. Jahr	
= Buchwert Ende 5. Jahr	
– AfA 6. Jahr	
= Buchwert Ende 6. Jahr	
– AfA 7. Jahr	
= Buchwert Ende 7. Jahr	
– AfA 8. Jahr	
= Buchwert Ende 8. Jahr	

c Wie werden die Anschaffungskosten bei der linearen Abschreibung auf die Nutzungsdauer verteilt und worauf bezieht sich der Afa-Satz? **(2 Punkte)**

PRÜFUNG 5

d Am Anfang des fünften Nutzungsjahres verkauft die Beska GmbH die Kühleinrichtung für 50.000,00 Euro netto auf Ziel.

d 1 In welcher Höhe hat die Beska GmbH eine offene Forderung gegenüber dem Käufer der Kühleinrichtung? **(4 Punkte)**

d 2 Ermitteln Sie, in welcher Höhe ein außerordentlicher Ertrag/Aufwand durch den Verkauf der Kühleinrichtung bei linearer Abschreibung entstanden ist. **(4 Punkte)**

Aufgabe 4 (30 Punkte)

Nachdem die Beska GmbH die alte Kühleinrichtung verkauft hat, muss eine neue angeschafft werden. Diesmal möchte der Geschäftsführer diese aber nicht bar kaufen. Er überlegt, ob er die Kühleinrichtung leasen soll.

a Erläutern Sie zwei Vorteile und zwei Nachteile dieser Finanzierungsform gegenüber der Barzahlung. **(4 Punkte)**

b Als weitere alternative Finanzierungsform kommt noch die Fremdfinanzierung der Kühleinrichtung in Frage. Folgendes Angebot der Hausbank über die benötigte Kreditsumme (Auszug) liegt vor:

MUSTERBANK ÜBERALL

Kreditangebot vom 23.06.20XX

Kreditsumme	45.000,00 Euro
Kreditzinsen	7,5 % pro Jahr
Kreditlaufzeit	4 Jahre
Zinszahlungen	jährlich, rückwirkend
Kapitalrückzahlungen	nach 4 Jahren in einer Summe (Fälligkeitsdarlehen)

b 1 Wie viel Euro Zinsen zahlt die Beska GmbH jährlich? **(4 Punkte)**

b 2 Wie viel Euro zahlt die Beska GmbH am Ende der Laufzeit als Schlusszahlung an die Musterbank Überall? **(4 Punkte)**

c Welche Auswirkung hat der Kreditkauf auf die Passivseite der Bilanz und auf die Eigenkapitalquote der Beska GmbH? **(4 Punkte)**

PRÜFUNG 5

Situation zu den Aufgaben 4 d–e
Aufgrund des günstigen Finanzierungsangebotes entscheidet sich der Geschäftsführer der Beska GmbH für den Kreditkauf. Nachdem er diese Entscheidung getroffen hat, fährt er allerdings in Urlaub. Er möchte den Abschluss des Finanzierungskaufes einem Bevollmächtigten übertragen.

d Vollmacht zum Kauf der Kühleinrichtung:

d 1 Welche Vollmacht benötigt der beauftragte Mitarbeiter, um den Kauf der Kühleinrichtung zu tätigen? **(4 Punkte)**

d 2 Wie wird diese Vollmacht erteilt? **(2 Punkte)**

d 3 Welchen Zusatz muss dieser Bevollmächtigte vor seine Unterschrift setzen? **(2 Punkte)**

e Vollmacht für den Abschluss des Kreditvertrages:

e 1 Welche Vollmacht benötigt der beauftragte Mitarbeiter, um den Kreditvertrag abzuschließen? **(2 Punkte)**

e 2 Wie wird diese Vollmacht erteilt? **(2 Punkte)**

e 3 Welchen Zusatz muss dieser Bevollmächtigte vor seine Unterschrift setzen? **(2 Punkte)**

Vorbemerkungen zum Fachgespräch in der Wahlqualifikation

In der „Verordnung über die Berufsausbildungen zum Verkäufer und zur Verkäuferin sowie zum Kaufmann im Einzelhandel und zur Kauffrau im Einzelhandel (Verkäufer- und Einzelhandelskaufleuteausbildungsverordnung – VerkEHKflAusbV) wird in § 17 (3 und 4) zum Prüfungsbereich Fachgespräch in der Wahlqualifikation Folgendes festgelegt:

> „Für das fallbezogene Fachgespräch stellt der Prüfungsausschuss dem Prüfling zwei praxisbezogene Aufgaben, aus denen der Prüfling eine Aufgabe auswählt. Grundlage für die Prüfungsaufgaben ist die nach §4 Absatz 3 Satz 1 im Ausbildungsvertrag ausgewiesene Wahlqualifikation. Der Prüfling soll die ausgewählte Aufgabe bearbeiten und einen Lösungsweg entwickeln. Dafür ist ihm eine Vorbereitungszeit von 15 Minuten einzuräumen. Das fallbezogene Fachgespräch wird mit einer Darstellung des Lösungsweges durch den Prüfling eingeleitet. Weiterer Inhalt des fallbezogenen Fachgesprächs ist der im Betrieb vermittelte und im Ausbildungsnachweis dokumentierte Warenbereich. (4) Das fallbezogene Fachgespräch dauert höchstens 20 Minuten."

Vorbereitung Teil 1
Die Vorbereitung beginnt also schon bei der Auswahl der Wahlqualifikationseinheiten zum Ausbildungsbeginn. Folgende Wahlqualifikationseinheiten stehen zur Verfügung:

1. Beratung von Kunden in komplexen Situationen
2. Beschaffung von Waren
3. Warenbestandssteuerung
4. Kaufmännische Steuerung und Kontrolle
5. Marketingmaßnahmen
6. Onlinehandel
7. Mitarbeiterführung und -entwicklung
8. Vorbereitung unternehmerischer Selbstständigkeit

Die Aufgabenstellung beim Fachgespräch in der Wahlqualifikation bezieht sich auf einen dieser Bereiche, wobei drei der Wahlqualifikationen im Ausbildungsvertrag ausgewiesen sein müssen, darunter mindestens eine aus den Nummern 1 bis 3. Welche Wahlqualifikation zur Aufgabenerstellung bestimmt wird, entscheidet der Prüfungsausschuss.

Aus der vom Ausschuss gewählten Wahlqualifikation werden Ihnen für das Fachgespräch in der Wahlqualifikation zwei Situationen vorgelegt, von denen Sie eine als Prüfungsaufgabe bestimmen. In dieser Prüfungsaufgabe muss der im Berichtsheft dokumentierte Warenbereich eine Rolle spielen. Also müssen Sie sehr genau darauf achten, welche Wahlqualifikationen im Ausbildungsvertrag ausgewiesen sind und welcher Warenbereich von Ihrem Ausbilder dort eingetragen worden ist. Bewahren Sie eine Kopie der Prüfungsanmeldung auf, damit Sie sich in der heißen Phase der Vorbereitung vergewissern können, welches Ihre Wahlpflichtqualifikationen sind und welchen Warenbereich sie gewählt haben.

Vorbereitung Teil 2
Stellen Sie sich positiv auf das Fachgespräch in Ihrer Wahlqualifikation ein! Es gibt in der Bundesrepublik hunderte von Prüfungsausschüssen für die mündliche Prüfung. Alle Prüfungsausschüsse müssen sich dabei an die Ausbildungsverordnung halten. Alle Mitglieder des Prüfungsausschusses freuen sich, wenn die Prüflinge, die von ihnen geprüft worden sind, bestanden haben. Jeder Prüfungsausschuss besteht aus mindestens drei Mitgliedern: einem Arbeitnehmervertreter, einem Arbeitgebervertreter und einem Berufsschullehrervertreter. Größere Ausschüsse sind nicht ausgeschlossen, ebenso können eventuell Gäste anwesend sein. Aber egal, wie viele Leute Ihnen gegenübersitzen: Gemeinsames Ziel aller Beteiligten ist eine möglichst gute Prüfungsleistung! Achten Sie deshalb während des Prüfungsgesprächs auf versteckte Hilfen. Richtig ist aber auch, dass Sie ohne Sachkenntnis eine Prüfung selbstverständlich nicht bestehen können. Sorgen Sie also dafür, dass Sie entsprechende Kenntnisse haben. Damit sind auch Warenkenntnisse aus dem gewählten Warenbereich gemeint.

Vorbereitung Teil 3

Versuchen Sie, in den sechs bis acht Wochen, die möglicherweise bis zur mündlichen Prüfung vergehen, Ihr Wissen, das Sie sich für die schriftlichen Prüfungen angeeignet haben, weiterhin aktiv zu halten! Sehen Sie sich dazu regelmäßig ihre Vorbereitungsunterlagen für die schriftliche Prüfung an. Versuchen Sie dabei, den Schwerpunkt auf diejenigen Wissensbereiche zu legen, die zu Ihrer Wahlqualifikationseinheit gehören.

Wenn Sie sich nun daran machen, die nachfolgenden Fachgespräche aus den verschiedenen Wahlqualifikationen zu bearbeiten, dann bedenken Sie, dass die Vorbereitungszeit 15 Minuten beträgt. In diesen 15 Minuten müssen Sie den Sachverhalt lesen und bearbeiten.

Nachfolgend zeigen wir Ihnen anhand eines Fachgespräches aus der Wahlqualifikation 2: Beschaffung von Waren, wie Sie in der Prüfung vorgehen könnten. Auch wenn das nicht Ihr gewählter Wahlqualifikationsbereich ist, sollten Sie diese Aufgabe und auch die folgenden Beispiele aus anderen Bereichen bearbeiten. Sie können so eine Arbeitsweise einüben, die Sie am Prüfungstag routiniert einsetzen können. Außerdem unterscheiden sich die hier vorgestellten Aufgaben und Lösungen in Stil, Strukturierung und Darstellung, sodass Sie verschiedene Frage- und Lösungsmuster kennenlernen, vergleichen und einüben können.

In der nachfolgenden Situation wird Ihnen nun ein Sachverhalt vorgestellt:

Fachgespräch in der Wahlqualifikation 2: Beschaffung von Waren (Beispiel)

Situation

Branche: (Beispiel gilt für alle Branchen)
Warenbereich: (Beispiel gilt für alle Warenbereiche)

Zu Ihren Aufgaben als Tagesvertretung im Markt gehört auch die Bearbeitung der Warenannahme. Ein Spediteur liefert mehrere Europaletten und Rollcontainer Ware aus.

Gehen Sie am besten wie folgt vor:

- Schon beim ersten Lesen der Aufgabenstellung markieren Sie wichtige Schlüsselwörter. Schreiben Sie sich diese Schlüsselwörter auf einen Zettel.
- Hinter die Schlüsselwörter schreiben Sie Stichworte, die zur Lösung der Problemstellung gehören. Schreiben Sie keine vollständigen Sätze. Wenn Sie diese im Prüfungsgespräch vorlesen, gerät die Prüfung zu einer Vorlesung, aber nicht zu dem in der Verordnung geforderten Gespräch. Außerdem ist die Vorbereitungszeit zur Ausformulierung von Sätzen zu kurz.
- Gehen Sie in den letzten fünf Minuten Ihrer Vorbereitungszeit Ihren Gedankenzettel noch einmal durch und prüfen Sie ihn auf Richtigkeit. Nehmen Sie ggf. noch kurze Ergänzungen und Verbesserungen vor.
- Machen Sie sich klar, dass Sie 60 % der Punktzahl durch die schriftlichen Prüfungen bereits erreicht haben und dass die Prüfungskommission sich bemühen wird, Sie bestehen zu lassen. Gehen Sie gelassen in den Prüfungsraum. Sie können gelassen sein, weil Sie sich in der Vorbereitungszeit Ihr Gedankengerüst zur Lösung des Prüfungsfalls gut überlegt haben.

Ob Ihre Gedanken zur Lösung der nachfolgenden Fachgespräche in die richtige Richtung gingen, können Sie anhand der Lösungen (im Prüfungstrainer ab S. 90) feststellen. Hier haben wir Ihnen Bearbeitungshinweise und Lösungsvorschläge angegeben. Für die Beispiel-Situation oben könnte das so aussehen:

Bearbeitungshinweise
(Wichtige Fragen und Hinweise für die Planung Ihres Fachgesprächs!)

1. Beschreiben und erklären Sie die Annahme und Prüfung der Lieferung.
2. Welche gesetzlichen Vorschriften müssen Sie bei der Mängelrüge beachten?
3. Was geschieht, wenn die Rügefristen nicht eingehalten werden?
4. Wie ist mit der mangelhaften Ware zu verfahren?
5. Welche Ansprüche aus den Mängeln haben Sie an den Lieferanten?
6. Von welchem Recht werden Sie im Einzelfall Gebrauch machen? Berücksichtigen Sie bei Ihrer Entscheidung auch die Interessen Ihrer Kunden!

Ausführungen
(So könnte z.B. Ihre vorgestellte Problemlösung aussehen. Hier sind ganze Sätze formuliert, um Ihnen zu zeigen, wie Ihre Schlüsselwörter und Ihre Stichwörter miteinander verbunden werden können. Die Schlüsselwörter und die dazu notierten Stichwörter, die auf Ihrem Zettel stehen könnten, sind unterstrichen.)

Ausführungen zu 1.
Bei der Annahme und Prüfung der Sendung sind folgende Unterlagen zu prüfen: Lieferpapiere: Frachtbrief, Lieferschein, Packzettel. Liegt eine Bestellung vor? Dazu geben Bestellkopie, Bestellkartei und Information bei der Einkaufsabteilung (in größeren Unternehmen) Aufschluss. Auf dem Frachtbrief sind Empfänger, Absender, Stückzahl, Gewicht und Menge mit der Bestellung zu vergleichen.

Die äußere Beschaffenheit der Lieferung ist auf Beschädigungen zu prüfen. Mängel oder Schäden sind sofort dem anwesenden Frachtführer/Spediteur anzuzeigen und auf dem Lieferschein zu vermerken. Bei offensichtlichen/schwerwiegenden Schäden ist gegebenenfalls die Annahme zu verweigern.

Beim späteren Auspacken der Ware sind entdeckte Schäden oder Mängel unverzüglich dem Lieferanten anzuzeigen.

Ausführungen zu 2.
Es handelt sich um einen zweiseitigen Handelskauf, d.h. beide Vertragspartner sind Kaufleute. Die offenen Mängel sind unverzüglich zu rügen, versteckte Mängel ebenfalls unverzüglich nach Entdeckung. Allgemein gilt, wenn es sich beispielsweise um Anlagegüter handelt: Mängel müssen innerhalb der Gewährleistungsfrist von zwei Jahren gerügt werden. Die Mängel müssen bei der Reklamation genau beschrieben werden.

Ausführungen zu 3.
Wenn der Einzelhändler beim zweiseitigen Handelskauf seinen Rügepflichten nicht termingerecht nachkommt, verliert er alle Ansprüche aus der mangelhaften Lieferung gegen den Lieferanten. Deshalb ist es sinnvoll, die Ware unverzüglich auf Mängel zu prüfen und etwaige Mängel unverzüglich zu rügen.

Ausführungen zu 4.
Der Einzelhändler ist verpflichtet, die mangelhafte Ware entweder im eigenen Lager oder in einem öffentlichen Lagerhaus sorgfältig aufzubewahren. Die Kosten trägt der Lieferant. Vertraglich wird oft vereinbart, dass die Ware zurückgesandt wird.

Ausführungen zu 5.

Grundsätzlich stehen dem Einzelhändler gegenüber seinem Lieferanten folgende Rechte zu:

- Vorrangig nur das Recht auf Nacherfüllung in Form von Ersatzlieferung oder Nachbesserung. Das Recht ist bei Gattungsware (vertretbarer Ware) möglich, die durch Ware gleicher Art ersetzt werden kann. Die Nacherfüllung gilt nach zweimaligem erfolglosem Versuch als fehlgeschlagen.
  Gelingt die Nacherfüllung nicht innerhalb einer angemessenen Frist, kann der Einzelhändler die Folgerechte geltend machen.
- Rücktritt vom Vertrag (Wandlung): Der Kaufvertrag wird aufgelöst und der Einzelhändler verlangt sein Geld zurück. Wandlung ist nur bei erheblichen Mängeln möglich.
- Minderung des Kaufpreises (Preisnachlass): Der ursprüngliche Kaufvertrag bleibt bestehen. Einzelhändler und Lieferant müssen sich über eine angemessene Minderung des Kaufpreises einigen.
- Schadenersatz: Schadenersatz kann verlangt werden, wenn ein Schaden entstanden ist und den Lieferanten ein Verschulden trifft. Schadenersatz kann neben der Vertragserfüllung für entstandene Kosten geltend gemacht werden oder als Schadenersatz bei Rücktritt.

Ausführungen zu 6.

Die Entscheidungen sind abzuwägen und wirtschaftlich sinnvoll zu treffen. Im Fall einer Mengenabweichung ist Nacherfüllung sinnvoll. War die gelieferte Menge zu groß, könnte man auch mit dem Lieferanten eine Minderung des Kaufpreises vereinbaren. Bei Qualitätsmängeln dürfte eine Nacherfüllung nicht möglich sein. Auch hier ist Minderung sinnvoll, wenn die Mängel nur geringfügig sind und die Ware noch gebrauchsfähig ist, sodass sie z.B. noch mit einem Preisnachlass an die Kunden verkauft werden kann. Andernfalls kämen Rücktritt vom Vertrag und evtl. zusätzlich Schadenersatz in Betracht. Bei der beschädigten Sendung muss zunächst geprüft werden, ob eine Nacherfüllung sinnvoll und technisch möglich ist.

Wenn wie hier in Ihrer Gesprächsvorbereitung die Ware zunächst keine Rolle gespielt hat, ist es wahrscheinlich, dass sich der Prüfungssauschuss ein Produkt oder eine Warengruppe, die Sie im Berichtsheft dokumentiert haben, heraussucht und Sie dazu befragt. Wenn Sie bereits von sich aus im Fachgespräch auf eine Ware eingehen, wird Sie der Prüfungsausschuss wahrscheinlich nicht nach anderer Ware fragen.

Jetzt geht es los!

Für den Prüfungstag haben Sie vorgesorgt, indem Sie sich über den Prüfungsort und den Weg dorthin genau informiert haben, sodass Sie rechtzeitig dort sein können. Sie sind am Vorabend der Prüfung rechtzeitig zu Bett gegangen, sodass Sie gut ausgeruht an Geist und Seele sind. Sie haben sich gut gepflegt und eine Kleidung gewählt, die zu Ihnen und zu diesem Anlass passt. Sie haben das Prüfungsgespräch eingeübt und begrüßen nun beim Betreten des Prüfungsraums die Prüfungskommission freundlich und passend zur Tageszeit.

Dann wird sich die Prüfungskommission Ihnen vorstellen, Ihnen Glück für die folgenden 20 Minuten wünschen und Sie bitten, mit Ihren Ausführungen zu beginnen. In der Regel brauchen Sie die Aufgabe nicht vorzulesen, da jedes Prüfungsmitglied eine Kopie der Aufgaben vorliegen hat.

Sie starten mit der Kurzfassung der Problemstellung mit eigenen Worten, so wie Sie sich diese in der Vorbereitungszeit notiert haben. Dann gehen Sie die Probleme der Reihe nach in freier Rede durch. Sie nutzen dabei den Zettel, den Sie während der Vorbereitungszeit angefertigt haben. Suchen Sie den Blickkontakt mit dem Prüfungsausschuss und setzen Sie Ihre Stimme so ein, wie Sie es im Lernfeld 2 für das Verkaufsgespräch gelernt haben.

Lassen Sie sich durch Zwischenfragen nicht aus dem Konzept bringen. Wenn Sie die Frage nicht verstanden haben, sagen Sie es, damit der Fragesteller seine Frage noch einmal anders formuliert. Überlegen Sie nicht „Was will der/die denn nun schon wieder wissen?“, sondern überlegen Sie: „Was kann ich sachlich dazu beitragen?“

Versuchen Sie nicht, Wissen vorzutäuschen, das nicht vorhanden ist. Wenn Ihnen etwas überhaupt nicht einfällt, können Sie es der Prüfungskommission sagen. Da Sie gut vorbereitet sind, wird Ihnen das nicht allzu oft passieren. Es handelt sich hier um ein Gespräch zwischen Fachleuten, bei dem Sie zeigen können, dass Sie das Gelernte anwenden können.

Ist das Prüfungsgespräch beendet, wird Sie der Prüfungsausschussvorsitzende bitten, den Prüfungsraum zu verlassen, sodass die Prüfungskommission über Ihr erzieltes Ergebnis beraten kann. Nach dem Ende der Beratung werden Sie dann noch einmal kurz in den Prüfungsraum gebeten, wo Ihnen der Prüfungsausschussvorsitzende das Ergebnis mitteilt und Ihnen mindestens eine Bescheinigung für Ihren Ausbilder aushändigt, in der (hoffentlich) stehen wird, dass Sie die Prüfung bestanden haben und dass damit Ihre Ausbildung beendet ist.

Fachgespräch in der Wahlqualifikation 1: Beratung von Kunden in komplexen Situationen

Situation
Branche: Lebensmittel
Warenbereich: Molkereiprodukte: Bio-Käse

Lebensmittelfälschungen, verdorbene Lebensmittel, irreführende Kennzeichnungen und andere Skandale haben in den letzten Jahren die Verbraucher verunsichert. Davon hat die Biobranche profitiert. Entsprechend dem Trend im Lebensmitteleinzelhandel konnten auch in Ihrem Geschäft die Umsätze von biologisch erzeugten Lebensmitteln gesteigert werden.

Sie sind in Ihrem Geschäft an der Käse-Bedienungstheke eingesetzt. Seit einer Woche führen Sie in diesem Frischebereich verschiedene Sorten hochwertigen Bio-Käse. Die Produktneuheiten sind im Block platziert und auffällig mit dem EU-Bio-Siegel und einem weiteren Bio-Siegel gekennzeichnet.

Eine Ihnen nicht bekannte Kundin mittleren Alters zeigt Interesse an dem neuen Sortiment und möchte von Ihnen beraten werden. Beschreiben Sie, wie Sie das Vertrauen der Kundin gewinnen können und ein erfolgreich geführtes Verkaufsgespräch aufbauen. Im Gesprächsverlauf bringt die Kundin Einwände gegen den hohen Preis vor. Außerdem habe sie gehört, dass Bioprodukte auch nicht gesünder seien. Entkräften Sie die Kundeneinwände und wenden Sie dabei die Techniken der Einwandbehandlung an.

Platz für Stichpunkte

Fachgespräch in der Wahlqualifikation 2: Beschaffung von Waren

Situation
Branche: Textil
Warenbereich: Damenoberbekleidung

Sie sind zuständig für das Sortiment Damenoberbekleidung „Young Fashion“. Für die kommende Wintersaison sollen neue, bisher noch nicht ins Sortiment „Young Fashion“ aufgenommene Daunenjacken geordert werden.

Machen Sie in unserem Gespräch klar, wie und woher ein Unternehmen neue Ware beziehen kann, wo der Unterschied liegt zwischen einer Anfrage und einem Angebot, einem quantitativen (Zahlungsbedingungen, Lieferbedingungen, Preis etc.) und einem qualitativen Angebotsvergleich. Zeigen Sie auf, wie Sie Bezugspreise ermitteln können. Gehen Sie von der Annahme aus, dass Sie 1.200 Stück benötigen. Und wenn die Ware schließlich im Verkaufsraum angeboten wird: Wie funktioniert der Zahlungsvorgang mit einer Girocard?

KÖLLE GMBH
GROSSHANDEL FÜR TEXTILIEN

Kölle GmbH - Taustr. 34 - 50938 Köln

Karland GmbH
Hohen Str. 34
50931 Köln

Ihr Zeichen, Ihre Nachricht vom	Unser Zeichen, unsere Nachricht vom	Telefon, Name	Datum
15.05.20XX	14.05.20XX	0221/525-12	22.05.20XX

Angebot

Sehr geehrte Damen und Herren,

wir können Ihnen die gewünschten Daunenjacken freibleibend zu folgenden Konditionen anbieten:

Daunenjacke, in glänzender Qualität. Mit Logostickerei, Patches und Eingrifftaschen. Länge ca. 60 cm. 100 % Polyester. Futter: 100 % Polyester. Lieferbar in Größen: 36–42,
Preis: 59,90 €.

Bei einer Abnahme von 1.100 Stück erhalten Sie 15 % Rabatt. Die Preise verstehen sich zuzüglich Mehrwertsteuer. Die Zahlung 30 Tage netto. Bei Zahlung innerhalb von 2 Wochen gewähren wir 2,0 % Skonto. Die Lieferung erfolgt kurzfristig.

Erteilen Sie uns bitte Ihren Auftrag. Sie werden mit der Lieferung zufrieden sein.

Mit freundlichen Grüßen

Kölle GmbH

i.A. Techer

Techer

FACHGESPRÄCHE

Westerland GmbH & Co. KG
Textilgroßhandel

Westerland GmbH & Co. KG • Branzstr. 12 • 22877 Wedel

Karland GmbH
Hohen Str. 34
50931 Köln

Ihr Zeichen, Ihre Nachricht vom	Unser Zeichen, unsere Nachricht vom	Telefon, Name	Datum
15.05.20XX	14.05.20XX	04103/453-66	22.05.20XX

Angebot

Sehr geehrte Damen und Herren,

wir bedanken uns für Ihr Interesse an unseren Artikeln. Gern erfüllen wir Ihren Wunsch und bieten Ihnen an:

Daunenjacke, länger geschnitten. Mit großem Kragen und Reißverschlusstaschen. Länge ca. 78 cm. 100 % Polyamid. Futter: 100 % Polyester. Wattierung: 85 % Polyester, 15 % Daunen. Lieferbar in Größen: 36–42,
Preis: 69,90 €. Bei Abnahme von mehr als 1.000 Stück: 25 % Rabatt; bei Abnahme von mehr als 3.000 Stück: 30 % Rabatt. Die Preise verstehen sich zuzüglich Mehrwertsteuer.

Die Zahlung erfolgt innerhalb von 30 Tagen ohne Abzug. Bei Zahlung innerhalb von 10 Tagen gewähren wir 2,0 % Skonto. Die Lieferung erfolgt in ca. 1 Woche.

Erteilen Sie uns bitte Ihren Auftrag. Sie werden mit der Lieferung zufrieden sein.

Mit freundlichen Grüßen

Westerland GmbH & Co. KG

i. A. Bauer

Bauer

Platz für Stichpunkte

Fachgespräch in der Wahlqualifikation 3: Warenbestandssteuerung

Situation
Branche: Do It Yourself
Warenbereich: Handwerkzeuge, Werkzeugmaschinen

Sie sind zuständig für das Sortiment Werkzeugmaschinen, Akkuschrauber. Sie haben den Ausdruck des Warenwirtschaftssystems (WWS) mit folgenden Daten vor sich:

Sortiment:	**Akkuschrauber**		
Modelle:	100	200	300
Einstandspreis	35,40 €	43,50 €	49,80 €
Verkaufspreis	59,90 €	73,90 €	79,00 €

Artikel	**Artikelnr.**	**Jahres-absatz in Stück**	**Jahres-umsatz in Euro**	**Roh-gewinn in Euro**	**Rein-gewinn in Euro**	**Umschlags-häufigkeit**
Metafix	100	600	35.940,00	14.700,00	6.240,00	10
Ultrafix	200	1.300	96.070,00	39.520,00	11.800,00	8
Superdreh	300	980	77.420,00	28.616,00	14.390,00	16

Analysieren Sie die Warenbewegungen der drei Modelle! Gehen Sie dabei auch auf mögliche Produktunterschiede und Anwendungsmöglichkeiten der Maschinen ein. Machen Sie ggf. darauf aufmerksam, dass Ihnen für Ihre Analyse noch weitere Zahlen fehlen. Erläutern Sie auch, welche Zahlen das sein könnten.

Machen Sie in unserem Gespräch deutlich, worin die Unterschiede zwischen Umsatz und Absatz sowie zwischen Roh- und Reingewinn bestehen. Begründen Sie, ob es sich bei den Euro-Werten um Brutto- oder Nettowerte handelt. Erläutern Sie die Bedeutung der Zahlen zur Umschlagshäufigkeit.

Platz für Stichpunkte

FACHGESPRÄCHE

Fachgespräch in der Wahlqualifikation 4: Kaufmännische Steuerung und Kontrolle

Situation
Branche: Kosmetik
Warenbereich: Haarpflege

Das Warenwirtschaftssystem (WWS) Ihres Unternehmens bietet folgende Kennziffern für Ihren Warenbereich:

- Umschlagshäufigkeit: 13,7
- Personalproduktivität: 34.000,00 Euro
- Flächenproduktivität: 2.630,00 Euro

Zum Vergleich erhalten Sie Daten für den gleichen Warenbereich aus einem Unternehmensvergleich im Zuge einer Untersuchung über Geschäfte mit ähnlicher Lage, Fläche und Mitarbeiterzahl:

- Umschlagshäufigkeit: 18,6
- Personalproduktivität: 52.000,00 Euro
- Flächenproduktivität: 1.820,00 Euro

Erklären Sie zunächst die Kennziffern, um anschließend aus deren Analyse Lösungsmöglichkeiten für Ihren Warenbereich abzuleiten.

Platz für Stichpunkte

Fachgespräch in der Wahlqualifikation 5: Marketingmaßnahmen

Situation
Branche: Kosmetik
Warenbereich: Haarpflege

In Ihrem Unternehmen wird gerade eine Sortimentserweiterung durchgeführt. Dazu wird die Ladeninnengestaltung verändert und eine Werbe- und Verkaufsförderungsmaßnahme geplant, sodass der neue Sortimentsbereich entsprechend beworben wird.

Sie sind für die Optimierung der Ladengestaltung verantwortlich und sollen die werblichen Maßnahmen planen. Wählen Sie dazu einen eigenen Sortimentsbereich aus. Stellen Sie Ihr Konzept im Fachgespräch vor.

Platz für Stichpunkte

Fachgespräch in der Wahlqualifikation 6: Onlinehandel

Situation
Branche: Kosmetik
Warenbereich: Haarpflege

Das in der dritten Generation inhabergeführte Parfümeriegeschäft in der besten Lage der Innenstadt soll von der nächsten Generation zukunftsfest gemacht werden. Bisher war das stationäre Geschäft der einzige Vertriebsweg zu den Kunden, jedoch stagnierte im letzten Geschäftsjahr der Umsatz. Deshalb wurde die Entscheidung gefällt, sich mit dem Onlinehandel einen weiteren Vertriebsweg zu öffnen. Analysieren Sie anhand der Tabelle, ob diese Strategie erfolgversprechend sein kann.

Umsätze	2018	2019	Veränderung
Einzelhandelsumsatz gesamt	525,0 Mrd.€	535,5 Mrd.€	+ 2,0 %
stationärer Einzelhandel	471,4 Mrd.€	477,0 Mrd.€	+ 1,2 %
Onlinehandel	53,6 Mrd.€	58,5 Mrd.€	+ 9,1 %

Sie gehören zu der Arbeitsgruppe, die die Eröffnung dieses neuen Vertriebsweges vorbereiten soll. Folgende Entscheidungen müssen getroffen werden:

- Soll es einen Anschluss an einen anderen Online-Marktplatz geben oder ein eigener Onlineshop eröffnet werden?
- Welche besonderen Rechtsvorschriften sind im Onlinehandel zu beachten?
- Wie werden die Produkte im Onlineshop präsentiert?
- Welche Vorteile bietet die Erweiterung der Marketinginstrumente durch Social-Media-Marketing?

Stellen Sie im Fachgespräch Ihre Stellungnahme zu den o. a. Aspekten vor!

Platz für Stichpunkte

Fachgespräch in der Wahlqualifikation 7: Mitarbeiterführung und -entwicklung

Situation
Branche: Textil
Warenbereich: Strickwaren

Sie sind zuständig für die Personalbeschaffung einer neuen Filiale. Die neuen Stellen können nicht komplett durch Umbesetzungen aus dem Stammhaus besetzt werden, sondern es müssen Fachkräfte auf dem Arbeitsmarkt gesucht werden.

Stellen Sie Ihr Konzept für die externe Personalbeschaffung von der Suche bis zur Einstellung im Fachgespräch vor.

Platz für Stichpunkte

Fachgespräch in der Wahlqualifikation 8: Vorbereitung unternehmerischer Selbstständigkeit

Situation
Branche: Do it yourself
Warenbereich: z. B. Sicherheitstechnik

Sie haben Ihre Ausbildung zum Kaufmann im Einzelhandel/zur Kauffrau im Einzelhandel erfolgreich beendet und sind nach dem Ende der Ausbildung noch ein Jahr in Ihrem früheren Ausbildungsbetrieb beschäftigt worden. In der Berufsschule haben Sie den Auszubildenden Egon kennen und schätzen gelernt, der im Unternehmen eines Wettbewerbers im gleichen Warenbereich wie Sie ausgebildet wurde. Bei einem der inzwischen üblich gewordenen Treffen mit Egon sind sie beide der Meinung, dass Sie keine Lust mehr haben, für andere zu arbeiten, und sich lieber selbstständig machen wollen.

Stellen Sie zunächst einige grundsätzliche Überlegungen an, welche Vor- und Nachteile die Selbstständigkeit für Sie bringen wird. Entwickeln Sie eine Geschäftsidee, die Sie zu zweit verwirklichen könnten. Bedenken Sie, welche Sortimente aus welchen Gründen für Ihr Einzelhandelsgeschäft in Frage kommen könnten, woher Sie entsprechende Daten erhalten und in welcher Rechtsform Sie Ihr Geschäft betreiben wollen. Welche Finanzierungsquellen sollten Ihnen zur Verfügung stehen und mit welchen Methoden werden Sie den Erfolg Ihrer Geschäftstätigkeit überwachen? Prüfen Sie, ob und ggf. wo Sie Eintragungen oder Anmeldungen vornehmen müssen.

Stellen Sie Ihr Gesamtkonzept in unserem Fachgespräch vor!

Platz für Stichpunkte

Lösungsvorschläge Prüfung 1

Prüfungsbereich Geschäftsprozesse im Einzelhandel (S. 7–15)

Aufgabe 1

a (vgl. LF 7, Kapitel 3.2)
Verkaufslager: Der Verkaufsraum ist ein Lagerraum, in dem die Ware dem Kunden angeboten wird. Die Ware muss im Verkaufslager so präsentiert werden, dass sie den Kunden zum Kauf anregt.
Reservelager: Da aber das Warenlager in vielen Einzelhandelsgeschäften größer sein muss als die Fläche des Verkaufsraums, gibt es meist in unmittelbarer Nähe, manchmal aber auch in größerer Entfernung, ein Reservelager. Dieses Reservelager hat folgende Aufgaben:
- die abverkaufte Ware im Verkaufsraum zu ersetzen
- die Ware verkaufsfertig zu machen (z. B. auspacken, prüfen, umpacken, bündeln, auszeichnen)
- Kommissionsware oder Saisonware bis zur Verwendung aufzubewahren

b (vgl. LF 7, Kapitel 3.4.3)
Mit den Kosten der Kapitalbindung sind die Zinskosten für das Geld gemeint, das für den Warenbestand ausgegeben worden ist und das deshalb nicht auf einem Konto Zinserträge einbringen kann.

c (vgl. LF 7, Kapitel 3.3.1)
Übersichtlichkeit: Die Mitarbeiter, die im Lager arbeiten, müssen jederzeit in der Lage sein, eine bestimmte Ware, die gesucht wird, auf Anhieb zu finden. Deshalb ist es üblich, das Lager in übersichtliche Bereiche einzuteilen. In größeren Lagern erhalten die jeweiligen Bereiche auch Bezeichnungen. In einem Lagerplan wird der Lagerplatz der Ware bezeichnet, sodass jeder Mitarbeiter die gesuchte Ware an dem angegebenen Platz finden kann.
Sachgerechtigkeit: Art und Ausstattung des Lagers müssen sowohl den Bedürfnissen der Mitarbeiter als auch den Eigenschaften der Ware angepasst sein. Schwere Ware muss z. B. unten und in Verkaufsraumnähe gelagert werden, um den Krafteinsatz des Personals zu minimieren.
Geräumigkeit: Gerade wenn im Lager Verkaufsvorbereitungen wie Auspacken, Umpacken, Bündeln und Auspreisen vorgenommen werden müssen, muss im Lager genügend Platz vorgesehen werden, damit diese Arbeiten ohne Verzögerungen und ohne zusätzliche Räumarbeiten erledigt werden können.
Sicherheit: Im Lager ist durch die Menge und den Wert der Ware ein großer Kapitalanteil des Einzelhandelsunternehmens gebunden. Darum muss der Einzelhändler Vorsorge treffen, damit sein Lager nicht durch Brand, Wasserschaden oder Diebstahl Schaden nimmt. Der Unfallschutz für die Mitarbeiter gilt hier ganz besonders, denn es wird oft mit unfallträchtigen Geräten gearbeitet wie Leitern und Hubwagen.

d (vgl. LF 7, Kapitel 3.4)
Da das Lager die Liefermöglichkeit des Einzelhändlers erhalten soll, könnte ein großes Lager nützlich sein. Da das Lager aber auch Kosten verursacht, darf es nicht zu groß sein. Die Lagermenge, die dafür sorgt, dass der Einzelhändler in allen wichtigen Fällen lieferfähig ist, gleichzeitig aber die Kosten nicht zu hoch werden lässt, ist die optimale Lagergröße. Da das Verhalten der Kunden und damit der Abverkauf aber nicht genau vorherbestimmt werden können, ist die optimale Lagergröße nicht exakt zu berechnen. Wenn die optimale Lagergröße erreicht ist, wird in der Regel auch die Wirtschaftlichkeit des Lagers am höchsten sein. Wirtschaftlichkeit bedeutet hier das Verhältnis der durch die Lagerhaltung erzielbaren Umsätze zu den durch das Lager anfallenden Kosten.

e (vgl. LF 7, Kapitel 3.4.1)
Der Mindestbestand (auch eiserner Bestand genannt) ist die Warenmenge, die immer am Lager vorrätig sein sollte, um Lieferengpässe oder höhere Abverkaufszahlen auszugleichen. Da beide Fälle nicht planbar sind, ist auch der Mindestbestand vom Einzelhändler festzulegen. Das geschieht in der Regel, indem man für mehrere Tage die Absatzmenge vorrätig haben will.
Der Höchstbestand gibt an, welche Menge von einer Ware maximal eingelagert werden kann. Er wird dadurch bestimmt, dass nur ein bestimmter Lagerplatz oder eine bestimmte Geldmenge für die Lagerung zur Verfügung steht.
Bei Erreichen des Meldebestandes sollte dieser Artikel nachbestellt werden. Der Meldebestand errechnet sich aus dem Mindestbestand zuzüglich dem geschätzten durchschnittlichen Tagesabsatz für die Dauer der Lieferzeit und liegt über dem Mindestbestand.

Meldebestand = Mindestbestand + (durchschnittlicher Tagesabsatz · Lieferzeit)

Durch die Warenzugänge, vor allem aber durch die Verkäufe, ändert sich der Lagerbestand in jeder Minute. Um das Lager kontrollieren zu können, rechnet der Einzelhändler deshalb mit Durchschnittswerten wie dem durchschnittlichen Lagerbestand (DLB). Je mehr Lagerbestände (je kürzer der Zeitraum) in die Berechnung einbezogen werden, desto genauer ist der durchschnittliche Lagerbestand. Ausgangspunkt der Berechnung ist immer ein Anfangsbestand, zu dem dann unterschiedliche Endbestände hinzugerechnet werden können.

Durchschnittlicher Lagerbestand =
bei jährliche Rechnung:

$$\frac{AB^* + EB^*}{2}$$

(*AB = Anfangsbestand; EB = Endbestand)

bei vierteljährlicher Rechung (Quartalsrechnung):

$$\frac{\text{AB + 4 Vierteljahres-EB}}{5}$$

bei monatlicher Rechnung:

$$\frac{\text{AB + 12 Monats-EB}}{13}$$

bei wöchentlicher Rechnung:

$$\frac{\text{AB + 52 Wochen-EB}}{53}$$

f (vgl. LF 7, Kapitel 3.4.2)
Die Umschlagshäufigkeit (U) gibt an, wie oft im Laufe eines Jahres der Lagerbestand verkauftwird. In der Regel wird für jede Branche eine typische Umschlagshäufigkeit ermittelt, dadurch werden überbetriebliche Vergleiche möglich. Je größer die Umschlagshäufigkeit, desto geringer der Kapitaleinsatz für den Warenvorrat.

Umschlagshäufigkeit (auf Mengenbasis) =

$$\frac{\text{Menge der jährlich verkauften Ware}}{\text{durchschnittlicher Lagerbestand}}$$

Umschlagshäufigkeit (auf Wertbasis) =

$$\frac{\text{Jahresumsatz zu Einkaufspreisen (= Wareneinsatz)}}{\text{durchschnittlicher Lagerbestand zu Einkaufspreisen}}$$

Durchschnittliche Lagerdauer: Für den Einzelhändler ist es auch wichtig zu wissen, wie lange ein Produkt in seinem Lager liegt. Auch das kann natürlich nur ein Durchschnittswert sein. Dabei rechnet der Einzelhändler mit einem Jahr, das immer 360 Tage hat. Wenn der Einzelhändler z. B. sein Lager viermal umschlägt (Umschlagshäufigkeit = 4), ist seine Ware also im Durchschnitt 90 Tage im Lager.

Durchschnittliche Lagerdauer =

$$\frac{360}{\text{Umschlagshäufigkeit}}$$

Aufgabe 2

a (vgl. LF 7, Kapitel 3.4)

a 1 Durchschnittlicher Lagerbestand =

$$\frac{\text{AB + 4 Vierteljahres-EB}}{5}$$

$$\frac{5.760 + 4.800 + 5.400 + 3.240 + 1.800}{5}$$

= 4.200 €

a 2 Umschlagshäufigkeit (auf Wertbasis) =

$$\frac{\text{Jahresumsatz zu Einkaufspreisen (= Wareneinsatz)}}{\text{durchschnittlicher Lagerbestand zu Einkaufspreisen}}$$

$$\frac{140 \cdot 120}{4.200} = 4$$

a 3 Durchschnittliche Lagerdauer =

$$\frac{360}{\text{Umschlagshäufigkeit}}$$

$$\frac{360}{4} = 90 \text{ Tage}$$

a 4 Lagerzinssatz pro Tag =

$$\frac{\text{Jahrszinssatz} \cdot \text{durchschnittliche Lagerdauer}}{360}$$

$$\frac{9\,\% \cdot 90}{360} = 2{,}25\,\%$$

Lagerzinsen in € pro Tag =

$$\frac{\text{Wert des durchschnittlichen Lagerbestands} \cdot \text{Lagerzinssatz (\%)}}{100\,\%}$$

$$\frac{4.200 \cdot 2{,}25\,\%}{100\,\%} = 94{,}50\,€$$

a 5 Beispielsweise:
Energie, Putzmittel, Personalkosten, Abschreibungen und Büromaterial

b (vgl. LF 9, Kapitel 2; LF 11, Kapitel 4)

b 1 Kalkulation der Lederkofferserie „Journey“:
Bruttoverkaufspreise
= Einstandspreis + Kalkulationszuschlag
= 120,00 € + 125 % (= 150,00 €) = 270,00 €

Nettoverkaufspreis =

$$\frac{270{,}00\ \text{€ (Bruttoverkaufspreis)}}{119} \cdot 100 = 226{,}89\ \text{€}$$

Rohgewinn
= Nettoverkaufspreis – Einstandspreis
= 226,89 € – 120,00 € = 106,89 €

Reingewinn
= Nettoverkaufspreis – Selbstkosten
= Nettoverkaufspreis – (Einstandspreis + Handlungskosten)
= 226,89 € – 120,00 € + 75 %
= 226,89 € – (120,00 € + 90,00 € → 210,00 € Selbstkosten)
= 226,89 € – 210,00 € = 16,89 €

b 2 Ein Unternehmer muss Gewinn erzielen, da er Entgelt für seine Arbeit (Unternehmerlohn), Zinsen für sein eingesetztes Kapital (Eigenkapitalverzinsung) und Kapital für den Aufbau eines Kapitalstocks braucht, um auch schwierige Zeiten zu überstehen (Wagniszuschlag).

b 3 Um den Gewinn pro Lederkoffer „Journey“ zu erhöhen, könnte man durch Verhandlungen mit dem Lieferanten den Bezugspreis senken oder durch sparsamen Umgang Kosten für Verpackungsmaterial sparen. Alternativ könnte auch der Energieverbrauch für Licht und Klimaanlage gesenkt werden, denn gesunkene Kosten bei gleichbleibendem Bruttoverkaufspreis führen zu einem höheren Gewinn.

Aufgabe 3

a (vgl. LF 12, Kapitel 4.1)
Beispielsweise:

- Umstellung auf Gesundheits- und Wellness produkte: Die Kunden von heute kaufen anders. Der Anteil der anspruchsvollen Kunden mit wenig Zeit ist gewachsen und – im Zusammenhang damit – auch das Bedürfnis nach hochwertigen Convenience-Produkten. Auch das Interesse der Kunden an Gesundheit, Wohlbefinden (gerade die ältere Generation) und Umwelt ist gestiegen. Das hat in verschiedenen Branchen des Einzelhandels wie Lebensmittel und Körperpflege zu einem Boom von gesundheits- und wellnessorientierten Produkten geführt.
- Produkt mit Großbuchstaben oder leicht zu öffnenden Verpackungen: Technische Entwicklungen, verstärktes Ernährungsbewusstsein und verändertes Freizeitverhalten der vor allem älteren Verbraucher führen zu neuen Produktentwicklungen oder zu Veränderungen bei den Verpackungen von Produkten (gut zu öffnende Verpackungen für die Generation 60+). Durch entsprechende Marketingaktivitäten der Hersteller werden solche Produktneuheiten schnell bekannt gemacht und einige Kunden möchten das neue Produkt testen.
- Kleinpackungen: Da die Anteile von Einpersonen-, Senioren- und Singlehaushalten in der gesamten Bevölkerung bedeutend zugenommen haben, muss der Einzelhändler das Sortiment den speziellen Bedürfnissen der Senioren-Haushalte, in denen häufig nur noch eine Person lebt, anpassen.

b (vgl. LF 5, Kapitel 1.2)

- Wirksamkeit: Werbung muss zielgruppengerecht entwickelt werden, um einen möglichst großen Erfolg zu erzielen. Streuverluste sind zu vermeiden.
- Wahrheit und Klarheit: Werbung darf keine falschen oder irreführenden Angaben zu den angepriesenen Leistungen machen. Zwar sollen die Waren im positiven Licht erscheinen, dies darf aber nur in sachlich einwandfreiem Rahmen geschehen.
- Wirtschaftlichkeit: Werbung muss immer in einem wirtschaftlichen Verhältnis zu dem erzielten Erfolg stehen. Das heißt, der zusätzliche Erfolg (z. B. Umsatzwachstum) muss deutlich höher sein als die Werbekosten.
- Gesellschaftliche Akzeptanz: Werbung sollte gesellschaftliche Wertvorstellungen nicht missachten oder Minderheiten zwecks Effekthascherei missbrauchen (Moral). Auch das Beachten von Gesetzen (Gesetz gegen den unlauteren Wettbewerb) gehört natürlich dazu.

c (vgl. LF 5, Kapitel 1.3)
Beispielsweise:

- Werbeträger: Zeitung, Verkehrsmittel
- Werbemittel: bedruckte Folie, Plakat
- Beispiel für die Beska GmbH: Prospekt der neuen Pflegeserie in den Berliner Tageszeitungen

d (vgl. LF 5, Kapitel 1.4)

$$\text{Werberendite} = \frac{\text{Umsatzzuwachs pro Periode}}{\text{Werbekosten pro Periode}}$$

Wenn als Werbeziel eine Umsatzsteigerung festgelegt wurde, gibt die Berechnung der Werberendite Auskunft über den Werbeerfolg. Angestrebt wird eine Werberendite, die größer als 1 ist, denn dann sind die Zuwächse beim Umsatz größer als die verursachten Kosten. Der Werbende muss immer auch externe Einflüsse, die nicht aus seiner Werbeaktion herrühren, beachten. So könnte z. B. auch eine Umsatzstagnation oder eine Umsatzminderung ein Werbeerfolg sein, nämlich dann, wenn die Mitbewerber höhere Umsatzeinbußen hinnehmen mussten. Weitere externe Einflüsse: höhere Steuern, Lohnerhöhungen usw.

e (vgl. LF 5, Kapitel 4)
Ein „gut" der Stiftung Warentest wird im Handel wegen seiner Werbewirksamkeit gerne verwendet. Ein gutes Testurteil kann aber unter Umständen irreführend sein, z. B. wenn für den Kunden dabei nicht zu erkennen ist, wann das Produkt getestet wurde oder ob die Note „gut" im Vergleich zu anderen Testergebnissen besonders vorteilhaft ist. In diesen Fällen kann auch ein Verstoß gegen das UWG vorliegen.

f (vgl. LF 4, Kapitel 1.4.3)
Da die Pflegeserie neu eingeführt wird, sollten die Produkte in der Sichtzone platziert werden. Dadurch fallen sie dem Verbraucher auf und regen sein Interesse an diesem neuen Artikel an.

g (vgl. LF 4, Kapitel 1.4.3 und LF 6, Kapitel 4)
Rack-Jobbing: Regalverkauf, bei dem ein Hersteller bei der Beska GmbH Verkaufsfläche anmietet oder einen Verkaufsständer aufstellt. Die angebotenen Produkte werden vom Hersteller platziert und betreut.
Kommissionskauf: Die Beska GmbH ist lediglich Besitzer der Ware, der Verkauf erfolgt in eigenem Namen gegen Provision auf Rechnung des Herstellers.

Lösungsvorschläge Prüfung 2

Prüfungsbereich Geschäftsprozesse im Einzelhandel (S. 16–24)

Aufgabe 1

a (vgl. LF 6, Kapitel 3.2.1)

	Schiller KG	Meise e. Kfm.
Listeneinkaufspreis	3,99 €	3,70 €
– Lieferantenrabatt	0,28 €	0,41 €
= Zieleinkaufspreis	3,71 €	3,29 €
– Lieferantenskonto	0,11 €	–
= Bareinkaufspreis	3,60 €	3,29 €
+ Bezugskosten	0,08 €	0,15 €
= Bezugspreis/Einkaufspreis	3,68 €	3,44 €
Gesamteinkaufspreis (150 Stück)	552,00 €	516,00 €

b (vgl. LF 12, Kapitel 4.1.3)
Beispielsweise:
- geändertes Verbraucherverhalten wegen steigender Energiepreise
- Verkauf von 20-Watt-LED-Lampen verspricht hohe Gewinne
- Ausrichtung des Unternehmens auf Umweltbewusstsein
- bei traditionellen Leuchtmitteln steigen die Preise
- Umsatz der Warengruppe geht zurück und es müssen neue Waren ins Sortiment aufgenommen werden, um den Umsatz zu steigern

c (vgl. LF 6, Kapitel 3.2.1)
Kriterien können sein:
- Listeneinkaufspreis
- Preisnachlässe
- Beförderungskosten
- Verpackungskosten

Mit dem quantitativen Angebotsvergleich soll der Bezugspreis ermittelt werden.

d (vgl. LF 6, Kapitel 3.2.2)
Beispielsweise:
- Qualität der Ware: Waren müssen den Qualitätsansprüchen der Kunden genügen, ansonsten werden sie nicht gekauft und dem Einzelhändler entstehen hohe Lager- und Verwaltungskosten.
- Umweltverträglichkeit der Ware: Einem gesteigerten Umweltbewusstsein der Kunden muss der Einzelhändler auch durch seine umweltverträglichen Waren entgegenkommen.
- Lieferbedingungen: Die Verkaufsbereitschaft des Einzelhändlers ist davon abhängig, ob die Ware pünktlich und mängelfrei geliefert wird. Fehlbestände führen zu Kunden- und Umsatzverlusten und damit zu Gewinneinbußen. Von Interesse ist auch, innerhalb welcher Frist der Lieferant liefern kann, welche Mengen er liefern kann, ob Mindestbestellmengen bzw. Depotzwänge von dem Lieferanten vorgegeben werden und wie flexibel er auf Sonderwünsche reagiert.
- Zahlungsbedingungen: Der Zahlungszeitpunkt ist wesentlich für eine Kaufentscheidung. Bietet ein Lieferant ein Zahlungsziel an, kann es für den Einzelhändler vorteilhaft sein, dieses auszunutzen, um sich einen gewissen Grad an Liquidität zu erhalten.
- Serviceleistungen: Wichtige Entscheidungskriterien sind das kulante Verhalten eines Lieferanten in Reklamationsfällen und der gewährte Umfang der Garantieleistungen. Ausschlaggebend können auch Zusatzleistungen des Lieferanten sein, wie z. B. der Aufbau von Displaymaterial, der Einsatz von Propagandisten, Beratungen, Depot-/Warenkundeschulungen des Verkaufspersonals sowie der Einsatz von Werbefilmen, Flyern und anderen Werbemitteln.

e (vgl. LF 6, Kapitel 3.3)
Beispielsweise:
- Gewährleistung der eigenen Lieferfähigkeit
- Ausnutzung von Rabattaktionen der Lieferanten
- geringere Abhängigkeit von problematischen Lieferanten

f (vgl. LF 6, Kapitel 3.4)
Durch die Bestellung ist durch zwei übereinstimmende Willenserklärungen ein Kaufvertrag zu Stande gekommen. Allerdings ist die Beska GmbH verpflichtet, den Fehlbetrag auszugleichen.

Aufgabe 2

a (vgl. LF 7, Kapitel 6.1)
Die Inventur ist die tatsächliche Bestandsaufnahme aller Vermögens- und Schuldenwerte durch messen, zählen, wiegen usw.

b (vgl. LF 7, Kapitel 6.1.1)
- Stichtaginventur: Eigentlich muss die Inventur z. B. am Tag, an dem das Geschäftsjahr endet, durchgeführt werden. Da das u. U. wegen der Größe des Geschäfts nicht machbar ist oder eine unzumutbare Härte für das Unternehmen bedeuten könnte, weil der Umsatzausfall gerade an diesem Tag sehr hoch wäre, ist eine zeitnahe Inventur (10 Tage vor oder nach dem Stichtag) auch zulässig.
- Permanente Inventur: Wenn die Warenbestände fortlaufend nach Art, Menge und Wert z. B. in einer Lagerdatei erfasst werden, kann die körperliche Bestandsaufnahme an einem beliebigen Tag im Geschäftsjahr stattfinden, unverzichtbar wird sie aber auch dann nicht.
- Verlegte Inventur: Ist die Inventur bis zu drei Monaten vor dem Bilanzstichtag oder innerhalb von zwei Monaten nach dem Bilanzstichtag durchgeführt worden, braucht am Bilanzstichtag keine Inventur vorgenommen zu werden, wenn sichergestellt ist, dass die Bestände für den Bilanzstichtag rechnerisch richtig ermittelt werden können.
- Die Stichprobeninventur ist keine eigenständige Inventurart, sondern ein Inventurvereinfachungsverfahren. Unter besonderen Voraussetzungen muss nicht jeder einzelne Artikel gemessen, gezählt oder gewogen werden, sondern es reichen die an ausgewählten Waren ermittelten Stichproben, die dann mit der Durchschnittsrechnung für die Gesamtmenge bestimmt werden.

c (vgl. LF 7, Kapitel 6.1.2)
Inventurdifferenz bedeutet, dass die festgestellten Istbestände von den Sollbeständen abweichen. In der Regel werden die Istbestände kleiner sein als die Sollbestände. Es ist aber auch möglich, dass die Istbestände größer sind als die Sollbestände.
Ursachen:
- Eine Ursache der Inventurdifferenzen kann in der Inventur selber liegen. Es sind Fehler bei der Aufnahme gemacht worden, weil Bestände vergessen wurden, z. B. wurde die Schaufensterware nicht aufgenommen, der Mitarbeiter hat sich einfach nur verzählt oder er hat beim Aufschreiben einen Schreibfehler gemacht.
- Beim Verkauf sind die Abverkäufe fehlerhaft erfasst worden, weil z. B. die von Hand eingegebene GTIN nicht richtig war oder die eingegebene Artikelbezeichnung nicht stimmte.
- Beim Wareneingang sind Waren nicht erfasst, doppelt erfasst oder fehlerhaft erfasst worden.
- Es kann auch vorkommen, dass Lieferantenrechnungen aufgenommen werden, obwohl die Lieferung noch gar nicht eingetroffen ist und deshalb die Ware fehlt.
- Bei Warenrückgaben sind diese nicht erfasst worden, Warenumlagerungen nicht gemeldet, festgestellte Diebstähle nicht ausgebucht oder auch noch gar nicht festgestellt worden.

d (vgl. LF 11, Kapitel 3)

d 1 Durch die betriebliche Nutzung der Anlagegüter entstehen im Zeitablauf Wertverluste aufgrund von Verschleiß, Abnutzung, wirtschaftlichen Bedingungen und technischer Veralterung.

d 2 Der Wertverlust wird mit Hilfe der Abschreibung (Absetzung für Abnutzung = AfA) in Euro ausgedrückt. Die Abschreibung geht als Aufwand in die Gewinn- und Verlustrechnung ein und korrigiert den laufenden Wert des Anlagegutes in der Bilanz. Abschreibungen schmälern als Aufwand den Gewinn und somit die Bemessungsgrundlage für die Steuerzahlungen. Der Einzelhändler erhält also gewinnabhängig die Möglichkeit, seine Steuerlast zu verringern.

d 3 Der Einzelhändler wird die Abschreibungsbeträge als (Gemein-)Kosten mit in seine Preise einkalkulieren. Dies führt dazu, dass er nach Ablauf der voraussichtlichen Nutzungsdauer des Anlagegutes durch den Verkauf seiner Ware so viel Geld eingenommen hat, dass er sich einen Ersatz für das alte Anlagegut leisten kann.

Aufgabe 3

a (vgl. LF 11, Kapitel 4.4)
In der Deckungsbeitragsrechnung werden nicht alle Kosten auf die Waren/Warengruppen (Kostenträger) verteilt, sondern nur die variablen Kosten. Denn grundsätzlich können nur die variablen Kosten den Kostenträgern verursachergerecht zugeordnet werden (Teilkostenrechnung). Von dem erzielten Umsatz einer Ware/Warengruppe werden die variablen Kosten (Einzelkosten) abgezogen. Der dann verbleibende Überschuss wird zur Deckung der fixen Kosten im Unternehmen genutzt. Dieser Überschuss wird als Deckungsbeitrag bezeichnet.
Die Deckungsbeitragsrechnung zeigt somit auf, welchen Beitrag jeder Kostenträger zur Deckung der fixen Kosten leistet.
Deckungsbeitrag = Umsatz – variable Kosten

b (vgl. LF 11, Kapitel 4.4)
Fixe Kosten sind von der Absatzhöhe des Unternehmens weitgehend unabhängig. Die fixen Kosten entstehen innerhalb eines bestimmten Zeitraumes in gleicher Höhe, unabhängig davon, wie viel Ware verkauft wurde. Viele Gemeinkosten (Handlungskosten) sind deshalb fixe Kosten, z. B. Gehälter für die Angestellten, Energiekosten und Mietkosten. Auch wenn gar keine Ware verkauft wird, fallen diese Kosten an. Variable Kosten sind vom Absatz des Unternehmens abhängig. Je mehr Ware verkauft wird, desto höher sind die variablen Kosten. Wird weniger Ware verkauft, dann sinken auch die variablen Kosten. Beispiele für variable Kosten: Wareneinsatz, Umsatzprovisionen der Verkäufer und Transportkosten. Wird gar keine Ware verkauft, fallen auch keine variablen Kosten an.

c (vgl. LF 11, Kapitel 4.4)

kurzfristige Erfolgsrechnung Quartal I–II		Abteilungen			
	gesamt (in €)	Bekleidung (in €)	Lederwaren (in €)	Spielwaren (in €)	Kosmetik (in €)
Umsatzerlöse (netto)	*1.179.000*	*380.000*	120.000	543.000	136.000
– variable Kosten I (Wareneinsatz)	*608.000*	*180.000*	37.000	324.000	67.000
= Deckungsbeitrag I (Rohgewinn)	*571.000*	*200.000*	83.000	219.000	69.000
– variable Kosten der Abteilungen	*166.000*	*25.000*	35.000	85.000	21.000
= Deckungsbeitrag II	*405.000*	*175.000*	48.000	134.000	48.000
– abteilungsbezogene Fixkosten	*250.000*	*155.000**	25.000	45.000	25.000
= Deckungsbeitrag III	*155.000*	*20.000*	23.000	89.000	23.000
– unternehmensbezogene Fixkosten:					
Personalkosten	30.000				
Energiekosten	8.000				
Wasserkosten	5.500				
Instandhaltungskosten	3.600				
Steuern, Versicherungen	17.800				
Sonstige Kosten	24.300				
= Betriebsgewinn	*65.800*				

* 47.000 + 8.000 + 100.000

d (vgl. LF 11, Kapitel 4.4, LF 5, Kapitel 1.3)
Der Deckungsbeitrag III beträgt für die Kosmetikabteilung 23.000€ und für die Bekleidungsabteilung 20.000€. Dies ist insbesondere erstaunlich, da der Umsatzerlös der Bekleidungsabteilung fast dreimal so groß ist wie der Kosmetikumsatzerlös. Hier stellt sich die Frage, weshalb vom Umsatzerlös ein relativ kleiner Deckungsbeitrag III übrig bleibt. Ursächlich hierfür sind nicht die variablen Kosten, denn die sind im Verhältnis zur Kosmetikabteilung ähnlich, z. B. belaufen sich die Umsatzprämien bei der Bekleidung auf 25.000€, in der Kosmetikabteilung auf 21.000€. Entscheidend für das schlechte Ergebnis sind die abteilungsbezogenen Fixkosten, die sich in der Bekleidungsabteilung auf 155.000€ belaufen, in der Kosmetikabteilung nur auf 25.000€. Hier machen die Werbekosten in Höhe von 100.000€ 64,5% der abteilungsbezogenen Fixkosten aus. Und auch die Gehälter für die Verkäufer belaufen sich auf 47.000€, so hoch sind nicht einmal die gesamten abteilungsbezogenen Fixkosten der Abteilung Kosmetik.
Als Maßnahme wäre sicherlich eine Werbeerfolgskontrolle für die Abteilung Bekleidung durchzuführen, um zu überprüfen, ob der Werbeerfolg im korrekten Verhältnis zu den Kosten steht. Ggf. muss die Werbung reduziert werden, um Kosten zu sparen. Auch sollte die Anzahl der Verkäufer überprüft werden, um ggf. die Personalkosten zu reduzieren. Neben der Kostenseite besteht natürlich auch die Möglichkeit, den Umsatzerlös zu erhöhen, um den Deckungsbeitrag zu steigern. Dies könnte z. B. durch Verkäuferschulungen oder zielgerichtetere Werbung erreicht werden.

e (vgl. LF 11, Kapitel 4.4)
Wird eine Abteilung zielgerichtet durch eine Werbung beworben, so können diese Werbekosten dieser Abteilung klar zugeordnet werden (z. B. Werbeprospekt für Damenbekleidung). Findet aber eine Werbeaktion statt, die das Image des gesamten Kaufhauses bewirbt, so kann dies nicht einer Abteilung kostenmäßig zugeordnet werden, sondern diese Kosten werden den unternehmensbezogenen Fixkosten zugeordnet (Gewinnspielaktion in der Einkaufsstraße vor dem Geschäftsgebäude).

f (vgl. LF 8, Kapitel 3.2, LF 9, Kapitel 2.2)

f 1 Wareneinsatz in Euro =
Warenanfangsbestand +
Wareneinkauf – Warenendbestand
1.625,00 + 3.375,00 – 375,00 = 4.625,00€

f 2 Absatz in Stück =
$$\frac{\text{Wareneinsatz}}{\text{Bezugspreis}} = \frac{4.625{,}00}{25{,}00} = 185 \text{ Stück}$$

f 3 Bruttoumsatz in Euro =
185 · 29,95 = 5.540,75€

f 4 Handelsspanne in Prozent =
$$\frac{(\text{Nettoverkaufspreis} - \text{Bezugspreis}) \cdot 100\,\%}{\text{Nettoverkaufspreis}}$$
29,95 → 119%
? → 100%
$$\frac{29{,}95 \cdot 100}{119} = 25{,}17\,€ \text{ Nettoverkaufspreis}$$
$$\frac{(25{,}17 - 25{,}00) \cdot 100\,\%}{25{,}17} = 0{,}675\,\%$$

f 5 Warenrohgewinn in Euro =
Umsatzerlöse (netto) – Wareneinsatz
185 · 25,17 – 4.625,00 = 31,45€

f 6 Warenrohgewinn in Euro je Stück =
$$\frac{31{,}45}{185} = 0{,}17\,€$$

g (vgl. LF 12, Kapitel 4.1.3)

- Argument für die Sortimentsbereinigung: Der Rohgewinn (Deckungsbeitrag I) dieses Artikels ist äußerst gering, sodass dieser Artikel so gut wie gar nicht zur Fixkostendeckung seiner Abteilung, geschweige denn zur unternehmensbezogenen Fixkostendeckung beitragen kann. Dieser Artikel bindet Kapital und beansprucht teuren Regalplatz, der von ertragreicheren Artikeln besetzt werden könnte.
- Argument für den Verbleib im Sortiment: Bei dem Artikel Bobbycar handelt es sich um einen so genannten Mussartikel der Spielwarenabteilung. Eltern und Kinder fragen diesen „Evergreen" der Spielwaren gezielt nach, sollte dieser nicht im Sortiment sein, sind die Kunden gezwungen, diesen Artikel bei einem Mitbewerber zu kaufen. Die Beska GmbH verliert Kunden. Außerdem existieren zum Bobbycar diverse Zubehörartikel wie Anhänger und spezielle Schuhe. Diese Artikel könnten die eigentlichen Gewinnträger sein, aber ohne das „Grundprodukt" können diese Zubehörartikel nicht verkauft werden.

h (vgl. LF 9, Kapitel 3)
Hierbei handelt es sich um die so genannte Mischkalkulation oder auch Politik des Preisausgleichs.
Im Rahmen der Kalkulation legt der Einzelhändler für bestimmte Waren die Preise so fest, dass durch den Verkauf dieser Waren ein Verlust entsteht (Ausgleichsnehmer). Durch den Gewinn für andere Waren wird dieser Verlust wieder ausgeglichen (Ausgleichsgeber). Diese Strategie kann aufgrund der Konkurrenzsituation notwendig sein, wenn für die Verlustbringer am Markt keine höheren Preise erzielt werden können. Insgesamt sollte der Gewinn vom Ausgleichgeber immer höher als der Verlust vom Ausgleichnehmer sein.

Lösungsvorschläge Prüfung 3

Prüfungsbereich Geschäftsprozesse im Einzelhandel (S. 25–30)

Aufgabe 1

a (vgl. LF 11, Kapitel 3.3)
Anschaffungskosten: 79.050,00 €
Jahr der Anschaffung: 20X1
AfA: 9.881,25 €
Restwert/Buchwert: 69.168,75 €

b (vgl. LF 11, Kapitel 3.3)
Anlagegut: Lieferwagen/Pkw
Anschaffungskosten: 84.000,00 €
Nutzungsdauer: 6 Jahre

Anlagegut: Kühleinrichtung
Anschaffungskosten: 4.800,00 €
Abschreibungsmethode: linear
Restwert 20X1: 4.200,00 €
Restwert 20X2: 3.600,00 €
Restwert 20X3: 3.000,00 €

c (vgl. LF 11, Kapitel 3.1)
Anschaffungskosten = Listeneinkaufspreis – Anschaffungspreisminderung + Anschaffungsnebenkosten

$$790{,}00 - (790{,}00 \cdot 20\,\%) + \frac{90{,}00}{2} = 677{,}00\,€$$

Aufgabe 2

a (vgl. LF 14, Kapitel 2.1)

- Vorteile sind z. B.: geringer Kapitalaufwand, alleinige Entscheidungsbefugnis, erwirtschafteter Gewinn muss nicht geteilt werden, einfache und kostengünstige Gründung
- Nachteile sind z. B.: unbeschränkte Haftung, hohe Arbeitsbelastung, beschränktes Wachstum durch begrenzte Arbeitskraft und begrenzte Geldmittel, persönlicher Ausfall wie Krankheit führt leicht zu Krisen des Unternehmens

b (vgl. LF 14, Kapitel 2.1)
Da Herr Walterscheid sein Unternehmen als Einzelunternehmen betreibt, hat niemand sonst Anspruch auf Eigenkapitalanteile.

c (vgl. LF 14, Kapitel 2.2.4)
Ja, die Entscheidung ist richtig. Herr Walterscheid bringt das bisherige Kapital mit ein und übernimmt mit Dörthe zusammen Geschäftsführung und Vertretung als Komplementär (Vollhafter). Else und Sabine bleiben als Kommanditisten dem Unternehmen verbunden, haben Büchereinsicht und Widerspruchsrecht bei außergewöhnlichen Geschäften. Im Falle einer Insolvenz haften beide nicht mit ihrem Privatvermögen. Die Kreditwürdigkeit der KG ist höher als die der ebenfalls denkbaren GmbH. Im Gesellschaftsvertrag kann für die Komplementäre ein höherer Gewinnanspruch für die Verantwortung festgeschrieben werden. Als Firma sind viele Varianten denkbar, solange sie den Zusatz KG enthalten. Beispiel: Warenhaus Walterscheid KG

d (vgl. LF 14, Kapitel 2.2.4)
Ja, Sabine hat die Möglichkeit, die Umgestaltung des Unternehmens zu verhindern, denn die Kommanditisten haben ein Widerspruchsrecht bei außergewöhnlichen Geschäften und dazu gehört die Veränderung des Unternehmenszweckes.

e (vgl. LF 14, Kapitel 7.1)
Ziel: Das Insolvenzverfahren ist ein gerichtliches Verfahren zur gemeinschaftlichen Befriedigung der Gläubiger. Es soll vermeiden helfen, dass einzelne Gläubiger versuchen, durch raschen Zugriff volle Befriedigung ihrer Forderungen zu erlangen, während andere leer ausgehen. Im Wege des Insolvenzverfahrens sollen aber nicht nur die Gläubiger ihr Geld erhalten, sondern auch der Erhalt des verschuldeten Unternehmens und damit von Arbeitsplätzen erreicht werden.
Ablauf: Die Insolvenz kann sowohl ein Gläubiger als auch der Schuldner beim zuständigen Insolvenzgericht beantragen. Das Insolvenzgericht prüft daraufhin, ob die Voraussetzungen zur Eröffnung des Insolvenzverfahrens vorliegen und ernennt ggf. einen vorläufigen Insolvenzverwalter. Ist die Kostendeckung des Verfahrens durch das Vermögen des Schuldners nicht gewährleistet, wird der Antrag mangels Masse abgewiesen. Stellt sich die nicht ausreichende Deckung erst während des Verfahrens heraus, wird es eingestellt. Danach können die Gläubiger wieder Einzelvollstreckungen einleiten, d. h., jeder Gläubiger hat die Möglichkeit, seine Forderungen direkt und in größtmöglicher Höhe bei dem Schuldner einzutreiben, auch auf die Gefahr hin, dass dadurch andere Gläubiger komplett leer ausgehen. Wird das Verfahren eröffnet, ernennt das Gericht einen Insolvenzverwalter. Ferner wird der Eröffnungsbeschluss veröffentlicht und ins Handelsregister sowie ins Grundbuch eingetragen. Letzteres soll den gutgläubigen Grundstückserwerb ausschließen,

damit auch alle Immobilien in die Insolvenzmasse einfließen und zur Befriedigung der Gläubigerforderungen herangezogen werden können.

Aufgabe 3

a (vgl. LF 5, Kapitel 4)
Das Gesetz gegen den unlauteren Wettbewerb verbietet geschäftliche Handlungen, die dazu geeignet sind, Interessen von Mitbewerbern, Verbrauchern oder sonstigen Marktteilnehmern spürbar zu beeinträchtigen.
Durch die Erwähnung der Hausmarke „Composite Rackets" der Beska GmbH und die Bewertung dieser Marke als „billig und minderwertig" sowie den Hinweis („... bekommen Sie bei uns nicht!!") wird durch die Gegenüberstellung der Rackets die Beska GmbH herabgesetzt. Hier liegt ein Verstoß u. a. gegen § 6 UWG vor, wonach vergleichende Werbung zwar erlaubt ist, aber nur, wenn der Vergleich nicht irreführend, herabsetzend oder verunglimpfend ist.
Auch ist zu prüfen, ob es sich um eine unlautere geschäftliche Handlung (§ 4 UWG) handelt. Danach sind geschäftliche Handlungen verboten, wenn sie Waren, Dienstleistungen oder Tätigkeiten eines Mitbewerbers herabsetzen oder verunglimpfen. Durch die Erwähnung der Hausmarke „Composite Rackets", die eindeutig der Beska GmbH zugeordnet werden kann, liegt hier ein Verstoß gegen § 4 UWG vor.

b (vgl. LF 5, Kapitel 4)
Das UWG soll die Verbraucher vor unwahren Angaben und unzulässigen geschäftlichen Handlungen schützen. Dadurch soll die Markttransparenz erhalten bleiben.
Die Wettbewerber sollen durch das UWG vor unzulässiger unlauterer und irreführender geschäftlicher Handlung sowie vergleichender Werbung und unzumutbarer Belästigung geschützt werden. Durch den Schutz sollen den Wettbewerbern keine Wettbewerbsnachteile entstehen.

c (vgl. LF 5, Kapitel 4.2)
Verboten sind beispielsweise geschäftliche Handlungen,

- die auf den Kunden psychologischen Druck ausüben und ihn so in seiner Entscheidungsfreiheit beeinträchtigen.
- die geschäftliche Unerfahrenheit von Verbrauchern, insbesondere Kindern und Jugendlichen, das Alter und die Leichtgläubigkeit oder bestehende Zwangslagen von Verbrauchern ausnutzen.
- die den Werbecharakter von Wettbewerbshandlungen verschleiern (Schleichwerbung), wobei die Beworbenen nicht auf Anhieb erkennen können, dass es sich um Werbung handelt.
- die Waren, Dienstleistungen, Tätigkeiten eines Mitbewerbers herabsetzen oder verunglimpfen.
- die über Personen des Unternehmens Tatsachen verbreiten, die den Betrieb des Unternehmens oder den Ruf des Unternehmens schädigen können und die nicht nachweislich der Wahrheit entsprechen.
- die gezielt Mitbewerber behindern.
- die einer gesetzlichen Vorschrift zuwiderhandeln.

d (vgl. LF 5, Kapitel 4.6)
Bei Verstößen gegen das UWG kann auf Antrag (so genannte Abmahnung) der Wettbewerbsverletzer verpflichtet werden, seine wettbewerbswidrigen Handlungen zu unterlassen und einen eventuell entstandenen Schaden zu ersetzen. In der Unterlassungserklärung verpflichtet sich der Wettbewerbsverletzer zur Unterlassung der angemahnten Werbemaßnahme. Außerdem verpflichtet er sich, bei einem Wiederholungsfall eine Vertragsstrafe an den Abmahnenden zu zahlen. Die Vertragsstrafe beträgt zwischen 1.000 Euro und 5.000 Euro, sie ist von der Schwere des Verstoßes abhängig. Sollte das Abmahnverfahren nicht zu einem Ergebnis führen, können die wettbewerbswidrigen Verstöße auf besonderen Antrag des Abmahnenden von der Staatsanwaltschaft verfolgt werden.

Lösungsvorschläge Prüfung 4

Prüfungsbereich Geschäftsprozesse im Einzelhandel (S. 31–44)

Aufgabe 1

a (vgl. LF 13, Kapitel 3.4)
Beispiel:
- Warenkenntnisse
- Bewertung im Arbeitszeugnis
- lückenloser Lebenslauf
- sprachliche Ausdrucksfähigkeit

b (vgl. LF 13, Kapitel 3.4)
Beispiel:
- IHK-Abschlusszeugnis
- Fortbildungszertifikate
- Lebenslauf
- Bewerbungsschreiben

c (vgl. LF 13, Kapitel 5)
Siehe S. 81

d (vgl. LF 13, Kapitel 5)
Die Lohnsteuer beträgt jetzt 90,16 €, da Herr Stein durch die Heirat in eine günstigere Steuerklasse kommt. Seine Steuerklasse ist nun III, da seine Frau nicht arbeitet.
Der Beitrag zur Pflegeversicherung ist auch gesunken, da er nun ein Kind hat und nicht die zusätzlichen 0,25 Prozentpunkte zahlen muss: 39,36 €.

e (vgl. LF 13, Kapitel 5.3)
- Beitragsbemessungsgrenze Rentenversicherung (West): 6.700,00 € (Stand 2019)
- Beitragsbemessungsgrenze Pflegeversicherung: 4.537,50 € (Stand 2019)

f (vgl. LF 13, Kapitel 5.3)
Grundsätzlich steigen die Sozialabgaben mit steigendem Einkommen. Die Beitragsbemessungsgrenze setzt aber eine Höchstgrenze für Sozialabgaben fest. Liegt das Einkommen eines Mitarbeiters über dieser Grenze, so wird das Einkommen nur bis zur Höhe der Beitragsbemessungsgrenze als Berechnungsgrundlage der jeweiligen Sozialabgabe herangezogen.

g (vgl. LF 13, Kapitel 7)
- materielle Maßnahmen, z. B.: Incentives, Personalrabatt, Umsatzprämie
- immaterielle Maßnahmen, z. B.: Fortbildungsangebot, regelmäßige Personalentwicklungsgespräche, Aufstiegschancen

h (vgl. LF 13, Kapitel 4)
Beispiel: Ladenöffnungszeiten, Saisonware, Werbung, Urlaub, Warenkenntnisse der Mitarbeiter, Kundenfrequenz zu bestimmten Uhrzeiten

i (vgl. LF 13, Kapitel 8.2.1)
Herr Stein hat vier Wochen Kündigungsfrist zum 15. oder 30. eines Monats. Um rechtzeitig seine neue Stelle antreten zu können, sollte sein Arbeitsverhältnis bei der Beska GmbH zum 30. April enden. Somit muss seine Kündigung am 02.04. bei der Beska GmbH vorliegen.

j (vgl. LF 13, Kapitel 8.4)
Beispiel: Leistungsbeurteilung, Verhalten gegenüber Vorgesetzten, Kunden und Mitarbeitern, Fachkönnen, Arbeitsbefähigung, -weise, -erfolg, Grund der Kündigung

k (vgl. LF 13, Kapitel 8.4)
Beispiel: „Herr Stein hat seine Aufgaben stets zu unserer vollsten Zufriedenheit ausgeführt!“

l (vgl. LF 13, Kapitel 8.2.1)
Gemäß Kündigungsschutzgesetz muss bei fehlerhaftem Verhalten des Arbeitnehmers zunächst eine Warnung in Form einer Abmahnung ausgesprochen werden. Sollte diese Abmahnung nichts bewirken, hat die Beska GmbH gute Chancen, das Arbeitsverhältnis zu kündigen.

Gehaltsabrechnung der Beska GmbH

Beska
BERLINER SUPERKAUF GMBH

Personalnummer: 70	Lfd. Abrechnung für Monat: Oktober
Name, Adresse	**Lohnsteuermerkmale**
Lothar Stein An der Scheele 10 14163 Berlin	

Lohnsteuermerkmale

Steuerklasse	Kinderfreibetrag	Konf.
I	0	rk

Sozialversicherungsmerkmale

	KV	PV	RV	AV
allg. Beitragssatz	14,6 %	3,05 %	18,6 %	2,5 %
AN-Beitragssatz	7,75 %	1,775 %	9,3 %	1,25 %

	€
Bruttoverdienst	2.292,00
+ Provisionen, Prämien	275,00
+ vermögenswirksame Leistungen des AG	13,67
+ Sonderzahlungen (Urlaubs-, Weihnachtsgeld)	–
= sozialversichungspflichtiges Bruttoentgelt	2.580,67
– Steuerfreibetrag	50,00
= steuerpflichtiges Bruttoentgelt	2.530,67
– Lohnsteuer	308,91
– Solidaritätszuschlag	16,99
– Kirchensteuer	27,80
– Krankenversicherung	200,00
– Pflegeversicherung	45,81
– Rentenversicherung	240,00
– Arbeitslosenversicherung	32,26
= Summe gesetzlicher Abzüge	871,77
– vermögenswirksame Sparleistungen des AN	40,00
– Vorschuss	–
= Summe privater Abzüge	40,00
= Nettoauszahlungsbetrag	1.668,90

Aufgabe 2

a (vgl. LF 7, Kapitel 5)
Steht im Kaufvertrag keine Angabe zum Lieferzeitpunkt, ist die Lieferung sofort nach Vertragsabschluss fällig, andernfalls erst zum genannten Lieferzeitpunkt. Hier ist kein Lieferzeitpunkt genannt, d.h. die Lieferung ist sofort fällig. Ein Lieferungsverzug ist noch nicht eingetreten.

b (vgl. LF 7, Kapitel 5.1)
Die Beska GmbH muss den Lieferanten anmahnen. Mit Zugang der Mahnung setzt sie den Lieferanten in Verzug. Es bietet sich an, in dieser Mahnung eine neue Lieferfrist zu setzen.

c (vgl. LF 7, Kapitel 5.1)
Die Beska GmbH sollte zukünftig darauf achten, einen kalendermäßig bestimmbaren Liefertermin zu vereinbaren.

d (vgl. LF 7, Kapitel 5.2)
Da der Lieferant sein Verschulden zugegeben hat, sollte die Beska GmbH Schadenersatz und Rücktritt vom Kaufvertrag durchsetzen, um bei einem anderen Lieferanten noch die Uhren zu beziehen (Deckungskauf durchführen). Kann sie die Uhren nicht woanders beziehen, sollte die Beska GmbH überlegen, ob sie zu einem späteren Liefertermin noch an den Uhren interessiert ist. Wenn ja, dann sollte sie auf Lieferung bestehen und zusätzlich Schadenersatz verlangen.

e (vgl. LF 7, Kapitel 5.3)
Bei einer Konventionalstrafe muss der Lieferant eine bestimmte, vorher festgelegte Summe als Strafe bezahlen, unabhängig von der Höhe des entstandenen Schadens.

f (vgl. LF 7, Kapitel 5.3)
Durch Konventionalstrafen sollen Kosten und zeitaufwendige Streitigkeiten über die Schadenshöhe vermieden werden.

Aufgabe 3

a (vgl. LF 7, Kapitel 1 und 2.1)
- rechnerische Überprüfung = die einzelnen Posten inklusive USt. werden nachgerechnet
- sachliche Überprüfung = anhand der Bestellung und des Lieferscheins werden die Richtigkeit der Lieferung und das Vorhandensein der Ware kontrolliert

b (vgl. LF 14, Kapitel 6.1 und 6.2)
- unter Abzug von Skonto bis zum 10.12.20XX
- unter Ausnutzung des Zahlungsziels 30.12.20XX

c (vgl. LF 14, Kapitel 5.2.1)
Der Kontokorrentkredit dient dazu, kurzzeitige Schwankungen im Kapitalbedarf eines Unternehmens abzudecken. Es handelt sich um einen Kredit, der es dem Einzelhändler erlaubt, sein Geschäftskonto bis zu einer vereinbarten Maximalhöhe (Kreditlimit) zu überziehen. Dadurch verfügt der Einzelhändler kurzfristig über Geld. Die Einräumung eines Kontokorrentkredits setzt üblicherweise voraus, dass der Kreditnehmer seinen Zahlungsverkehr zu einem erheblichen Teil über das Kreditinstitut abwickelt.
Die Kosten des Kontokorrentkredits sind hoch. Neben hohen Zinsen für den in Anspruch genommenen Kredit (tatsächlich überzogener Betrag) fallen für den Kreditnehmer noch Bereitstellungsgebühren an. Die Kredittilgung erfolgt durch laufende Guthabenbuchungen.
Der Kontokorrentkredit ist eine schnelle und bequeme Möglichkeit, einen Kredit aufzunehmen. Der Einzelhändler kann beim Kontokorrentkredit ohne Formalitäten jederzeit im Rahmen des Kreditlimits sein Konto überziehen und damit über liquide Mittel verfügen. Obwohl die Zinsen für den Kontokorrentkredit relativ hoch sind, ist es für den Einzelhändler oft vorteilhaft, für kurze Zeit sein Konto zu überziehen, um einen Rechnungsbetrag innerhalb der Skontofrist begleichen zu können.

d (vgl. LF 14, Kapitel 5.2.1)

d 1 Überweisungsbetrag in Euro:
3.534,30 €, Lieferantenkredit in Anspruch nehmen, bedeutet, dass kein Skonto abgezogen wird und statt dessen die Zielfrist ausgenutzt wird.

d 2 Überweisungsbetrag in Euro inkl. Skonto:
3.428,27 €

d 3 Zinsen in Euro:
3.534,30 – 3.428,27 = 106,03 €

d 4 Höhe des benötigten Kontokorrentkredits in Euro:
3.428,27 €

d 5 Zinslast für den benötigten Kontokorrentkredit in Euro:

$$\frac{3.428{,}27 \cdot 15\,\% \cdot 20 \text{ Tage}}{360} = 28{,}57\,€$$

d 6 Die Beska GmbH sollte unter Abzug von Skonto zahlen und somit den Kontokorrentkredit in Anspruch nehmen, weil sie dadurch 77,46 € einspart.

	Kosten Lieferantenkredit	106,03 €
–	Kosten Kontokorrentkredit	28,57 €
=	Finanzierungsgewinn	77,46 €

e (vgl. LF 9, Kapitel 2)

e 1 Berechnung Versandkosten:
240 Stück → 120,00 €
150 Stück → ? €

$\frac{150 \cdot 120,00}{240} = 75,00\,€$

	Listeneinkaufspreis gesamt	2.250,00 €
–	Skonto (3 %)	67,50 €
=	Bareinkaufspreis	2.182,50 €
+	Versandkosten	75,00 €
=	Bezugspreis	2.257,50 €

Bezugskosten pro Stück = $\frac{2.257,50}{150} = 15,05\,€$

e 2 Berechnung Bruttoverkaufspreis in Euro:

	Nettoverkaufspreis (NVP):	100 %
–	Handelsspanne:	40 %
=	Bezugspreis	60 %

60 % → 15,05 €
100 % → ? €

Nettoverkaufspreis:

$\frac{15,05 \cdot 100}{60} = 25,08\,€$

Bruttoverkaufspreis:

$\frac{25,08 \cdot 119\,\%}{100} = 29,85\,€$

Aufgabe 4

a (vgl. LF 8, Kapitel 1)
Anlagevermögen = 1.080.000 €

b (vgl. LF 8, Kapitel 1)
Umlaufvermögen = 130.000 €

c (vgl. LF 8, Kapitel 1)
Fremdkapital = 560.000 €

d (vgl. LF 8, Kapitel 1)

$\frac{650.000 \cdot 100\,\%}{1.210.000} = 53,72\,\%$

e (vgl. LF 8, Kapitel 1)
Die Eigenkapitalquote gibt den prozentualen Anteil des Eigenkapitals am Gesamtkapital an. Je höher das Eigenkapital, desto kreditwürdiger ist das Unternehmen und umso unabhängiger von Gläubigern kann das Unternehmen handeln.

f (vgl. LF 8, Kapitel 1)
Die Eigenkapitalquote ist sehr gut, da das Eigenkapital größer ist als das Fremdkapital.

g (vgl. LF 8, Kapitel 1)
Die Aktivseite wird nach Liquidität gegliedert. Erst kommen die Positionen, die langfristig im Unternehmen gebunden sind und deshalb selten oder schwer in Geldmittel umgewandelt werden können. Unten stehen die kurzfristig im Unternehmen gebundenen Vermögenswerte. Die Geldmittel (= liquide Mittel) werden im Rang der Vermögensbestände zuletzt genannt.

h (vgl. LF 8, Kapitel 1)
Die Gliederung auf der Passivseite richtet sich danach, wie lange das Kapital dem Unternehmen zur Verfügung steht (Fälligkeit). Der Unternehmer selbst kann sein Kapital erst zurückbekommen, wenn das Unternehmen beendet wird. Deshalb steht das Eigenkapital an erster Stelle. Die Lieferanten bekommen in der Regel ihr Kapital in kurzer Zeit. Deshalb stehen sie an letzter Stelle der Passivseite.

Lösungsvorschläge Prüfung 5

Prüfungsbereich Geschäftsprozesse im Einzelhandel (S. 45–54)

Aufgabe 1

a (vgl. LF 8, Kapitel 3.1)

Soll	GuV-Rechnung 20XX		Haben
Aufwendungen für Waren	600.000,00 €	Umsatzerlöse	1.300.000,00 €
Werbeaufwand	125.000,00 €	Provisionserträge im Rahmen der Handelstätigkeit (Kommissionsgeschäft)	38.000,00 €
Stromaufwand	113.000,00 €	Zinserträge	6.100,00 €
Personalkosten	208.000,00 €	Mieterträge aus Vermietung von Wohnungen	146.000,00 €
Mietaufwand	197.000,00 €	Verlust	*162.900,00 €*
Gewerbesteuernachzahlung	110.000,00 €		
Verluste aus Wertpapiergeschäften	300.000,00 €		
	1.653.000,00 €		*1.653.000,00 €*

b (vgl. LF 11, Kapitel 4.1)

Kosten	in Euro	Leistungen	in Euro
Aufwendungen für Waren	*600.000,00*	*Umsatzerlöse*	*1.300.000,00*
Werbeaufwand	*125.000,00*	*Provisionserträge*	*38.000,00*
Stromaufwand	*113.000,00*		
Personalaufwand	*208.000,00*		
Mietaufwand	*197.000,00*		
Summe	*1.243.000,00*	*Summe*	*1.338.000,00*
Betriebsergebnis = *1.338.000,00 – 1.243.000,00 = + 95.000,00 €*			

c (vgl. LF 11, Kapitel 4.2, LF 9, Kapitel 2)

BAB			Kostenstellen		
	in Euro	Verteilungsschlüssel	Lebensmittel	Textil	Non-Food
Werbeaufwand	*125.000*	2:2:1	*50.000€*	*50.000€*	*25.000€*
Stromaufwand	*113.000*	3:1:1	*67.800€*	*22.600€*	*22.600€*
Personalaufwand	*208.000*	2:1:1	*104.000€*	*52.000€*	*52.000€*
Mietaufwand	*197.000*	4:3:3	*78.800€*	*59.100€*	*59.100€*
Summe Handlungskosten	*643.000*	–	*300.600€*	*183.700€*	*158.700€*
Einzelkosten	*600.000*	–	*300.000€*	*150.000€*	*150.000€*
Handlungskostenzuschlag	–	–	*100,2 %*	*122,47 %*	*105,8 %*
Selbstkosten	–	–	*600.600€*	*333.700€*	*308.700€*
Umsatz	–	–	*625.650€*	*365.650€*	*308.700€*
Gewinn/Verlust	–	–	*25.050€*	*31.950€*	–
Gewinnzuschlag	–	–	*4,17 %*	*9,57 %*	–
Handelsspanne	–	–	*52,05 %*	*58,98 %*	*51,41 %*

Handlungskostenzuschlag = $\frac{\text{Summe der Handlungskosten in €} \cdot 100\,\%}{\text{Summe der Einzelkosten in €}}$

Selbstkosten = Summe der Handlungskosten + Einzelkosten

Gewinn/Verlust = Umsatz – Selbstkosten

Gewinnzuschlag = $\frac{\text{Gewinn in €} \cdot 100\,\%}{\text{Selbstkosten in €}}$

Handelsspanne = $\frac{(\text{Umsatzerlöse – Wareneinsatz}) \cdot 100\,\%}{\text{Umsatzerlöse}}$

d (vgl. LF 11, Kapitel 4.3)

Kalkulationsschema	Vorkalkulation		Nachkalkulation	
Bezugspreis		11,50€		*11,50€*
+ Handlungskosten	60%	6,90€	105,80%	*12,17€*
= Selbstkosten		18,40€		*23,67€*
+ Gewinn	35%	6,44€	4,9%	*1,17€*
= Nettoverkaufspreis		24,84€		*24,84€*
+ 19% Umsatzsteuer	19%	4,72€		*4,72€*
= Bruttoverkaufspreis		29,56€		*29,56€*

e (vgl. LF 11, Kapitel 4.4)

e 1 Der Lieferant gewährt einen Mengenrabatt für eine Bestellmenge, die über 400 Stück liegt.

e 2 „Verkaufspreis: 18,00 € netto. Sollten Sie mehr als 400 Stück bestellen, gewähren wir Ihnen für die Menge, die über 400 Stück liegt, einen Vorzugspreis von 14,44 € netto je Stück"

e 3

Staubsauger	ohne Preissenkung	mit 12 % Preissenkung bisheriger Absatz + Mehrabsatz (= 600 Stück)	
Absatzmenge	400 Stück	400 Stück	200 Stück
Verkaufspreis pro Stück, brutto	41,50 €	*36,52 €*	*36,52 €*
19 % Umsatzsteuer	6,63 €	*5,83 €*	*5,83 €*
Verkaufspreis pro Stück, netto	34,87 €	*30,69 €*	*30,69 €*
Bezugspreis pro Stück	18,00 €	*18,00 €*	*14,44 €*
variable Handlungskosten pro Stück	7,00 €	*7,00 €*	*7,00 €*
Deckungsbeitrag pro Stück	9,87 €	*5,69 €*	*9,25 €*
Deckungsbeitrag gesamt	3.948,00 €	*2.276,00 €*	*1.850,00 €*
Summe Deckungsbeitrag gesamt neu	3.948,00 €	*4.126,00 €*	

Deckungsbeitrag/Stück = Verkaufspreis (netto) – Bezugspreis – variable Handlungskosten

e 4 Ja, die Preissenkung lohnt sich, denn der Gesamtdeckungsbeitrag nach der Preissenkung ist höher als der Gesamtdeckungsbeitrag vor der Preissenkung.

LÖSUNGEN

Aufgabe 2

a (vgl. LF 3, Kapitel 6.2)
Electronic cash (POS), SEPA-Lastschriftverfahren (SEPA-ELV), Kreditkartenzahlung mit Master Card und VISA

b (vgl. LF 3, Kapitel 6.2)

Kriterien	POS	SEPA-ELV	Kreditkarte
Kosten	relativ hohe Kosten, da per Online-Verbindung die Kontodeckung geprüft wird und sofort die Zahlung veranlasst wird; das kostet Gebühren (Stand 2019: 0,2 %)	kostengünstiger, da nur die Konto-Sperrung überprüft wird; es wird keine Zahlung veranlasst	Eine umsatzabhängige Gebühr muss an das Kreditkartenunternehmen gezahlt werden. (Stand 2019: 0,3 % des Umsatzes)
Zahlungssicherheit für den Einzelhändler	sicher, da die Zahlung per Online-Verbindung sofort veranlasst wird; wenn der Kunde das Geschäft verlässt, wurde das Geld bereits überwiesen	unsicher, da der Kunde nur sein Einverständnis zum Lastschriftverfahren gegeben hat; wenn der EH also das Geld vom Kundenkonto abhebt, kann der Kunde immer noch innerhalb von 6 Wochen diese Lastschrift zurück holen; dann muss der EH ein kostenintensives Mahnverfahren anstreben	sicher, da das Kreditkartenunternehmen für die Zahlung des Kunden zunächst einsteht; dieses holt sich dann das Geld vom Kunden zurück; das Risiko trägt also nicht der EH, sondern das Kreditkartenunternehmen

c (vgl. LF 3, Kapitel 6.2)

- SEPA-ELV: bei kleineren Beträgen, denkbar wäre eine Grenze von 50 €. Alle Beträge > 50 € werden per POS gezahlt, damit die Gebühren in Relation bleiben.
- Grundsätzlich wird erst ab einem Umsatz von 10,00 € die EC-Karte akzeptiert, da ansonsten die Kosten im Verhältnis zu hoch sind.
- Kreditkarten werden erst ab einem Umsatz von 100,00 € akzeptiert. Wobei hierbei die Gefahr besteht, die Kunden damit zu verärgern. Viele Kunden müssen einen gewissen Jahresumsatz mit der Kreditkarte machen, um einen günstigen Preis zu erhalten. Diese Kunden und auch Touristen könnten verärgert reagieren. Evtl. also auch keine Beschränkung bei Kreditkarten.

d (vgl. LF 3, Kapitel 6.2.4)
Hier ist jede kundenorientierte Antwort denkbar, die Bedauern wegen der Nichtannahme ausdrückt. Allerdings sollte das Bedauern keine Entschuldigung für die Nichtannahme enthalten, denn es handelt sich um eine begründete Entscheidung (zu hohe Gebühren).

e (vgl. LF 3, Kapitel 6.3.1)
Vorteil:

- schneller Zahlungsablauf
- Zahlungsgarantie bis 25,00 €

Nachteil:

- Betrag über 25,00 €: zusätzlich PIN notwendig (zeitaufwendig)
- evtl. wird die Karte von einem anderen Kunden, der in der Nähe steht, belastet

Aufgabe 3

a (vgl. LF 11, Kapitel 3.3)

linearer AfA-Satz = $\frac{100}{8}$ = 12,5 %

b (vgl. LF 11, Kapitel 3.3)

	lineare AfA (in Euro)
Anschaffungskosten	*120.000,00*
– AfA 1. Jahr	*15.000,00*
= Buchwert Ende 1. Jahr	*105.000,00*
– AfA 2. Jahr	*15.000,00*
= Buchwert Ende 2. Jahr	*90.000,00*
– AfA 3. Jahr	*15.000,00*
= Buchwert Ende 3. Jahr	*75.000,00*
– AfA 4. Jahr	*15.000,00*
= Buchwert Ende 4. Jahr	*60.000,00*
– AfA 5. Jahr	*15.000,00*
= Buchwert Ende 5. Jahr	*45.000,00*
– AfA 6. Jahr	*15.000,00*
= Buchwert Ende 6. Jahr	*30.000,00*
– AfA 7. Jahr	*15.000,00*
= Buchwert Ende 7. Jahr	*15.000,00*
– AfA 8. Jahr	*15.000,00*
= Buchwert Ende 8. Jahr	*0,00**

* bzw. 1,00 € Restbuchwert; mit diesem Wert bleibt die Kühleinrichtung in der Bilanz erhalten.

c (vgl. LF 11, Kapitel 3.3)

- Die Anschaffungskosten werden gleichmäßig auf die Nutzungsdauer verteilt = die jährlichen AfA-Beträge bleiben gleich.
- Der AfA-Satz wird immer auf die Anschaffungskosten bezogen.

d (vgl. LF 11, Kapitel 3.5)

d 1 Höhe der Forderung in Euro:
59.500,00 € (50.000 + 19 % USt.)

d 2 Lineare Abschreibung:

	linearer Buchwert nach 4 Nutzungsjahren =	60.000,00
–	Nettoverkaufspreis =	50.000,00
=	außerordentlicher Aufwand	10.000,00

LÖSUNGEN

Aufgabe 4

a (vgl. LF 14, Kapitel 5.3.2)
Vorteile sind z. B.:

- Unternehmer können die Leasingraten aus den laufenden Umsatzerlösen finanzieren. Zum Zeitpunkt der Anschaffung entsteht kein großer Kapitalbedarf und somit kein großer Liquiditätsabfluss = höhere Liquidität für das Unternehmen.
- Unternehmer kann den geleasten Gegenstand am Ende der Laufzeit zurückgeben und ein neues, aktuelles Gut neu leasen. = Unternehmer hat stets eine aktuelle Ausstattung.

Nachteile sind z. B.:

- Leasinggegenstand kann in finanzieller Notlage nicht zu Bargeld gemacht werden oder als Kreditsicherheit dienen.
- Unternehmer ist an die Laufzeit gebunden. Sollte er also feststellen, dass sich der Einsatz des Leasinggegenstandes nicht rentiert, kann der Unternehmer den Vertrag nicht kündigen, sondern muss die Leasingrate weiterzahlen.

b (vgl. LF 14, Kapitel 5.2)

b 1 Jährliche Zinsen in Euro:

$45.000,00 \cdot \frac{7,5}{100} = 3.375,00\,€$

b 2 Schlusszahlung am Ende der Laufzeit in Euro:

Tilgung + letzte Zinszahlung:
45.000,00 € + 3.375 € = 48.375 €

c (vgl. LF 8, Kapitel 1)
Die Bilanzposition Fremdkapital (Darlehen) erhöht sich durch diesen Geschäftsvorfall. Dadurch steigt das Gesamtkapital bei unverändertem Eigenkapital, das heißt, der Anteil des Eigenkapitals am Gesamtkapital (= Eigenkapitalquote) sinkt.

d (vgl. LF 14, Kapitel 1.4)

d 1 Einzelvollmacht, Artvollmacht oder allgemeine Handlungsvollmacht

d 2 Die Handlungsvollmacht bedarf keiner besonderen Form, sie kann auch durch schlüssiges Handeln erteilt werden.

d 3 i. A. oder i. V.

e (vgl. LF 14, Kapitel 1.4)

e 1 Prokura

e 2 Mittels ausdrücklicher Erklärung, sie muss ins Handelsregister eingetragen werden (deklaratorische = rechtsbekundende Wirkung)

e 3 ppa.

Lösungshinweise zu den Fachgesprächen

Hinweis: Am Anfang der Lösungshinweise ist immer der jeweilige Abschnitt des Ausbildungsrahmenplans für die Wahlqualifikation angegeben. Das gibt die Fülle der Möglichkeiten für die Themenstellung in jeder Wahlqualifikation durch den Prüfungsausschuss an. Es ist offensichtlich, dass in der jeweiligen Wahlqualifikation bei einer Prüfungszeit von 20 Minuten nicht alle Aspekte abgearbeitet werden können. Die hier vorgestellten Aufgabenstellungen und Lösungshinweise dienen hauptsächlich dazu, das Verfahren in der „mündlichen Prüfung" zu trainieren, um das bestmögliche Ergebnis zu erzielen. Schlüsselbegriffe, die während des Prüfungsgespräches unbedingt fallen sollen, sind in den Lösungshinweisen immer unterstrichen.

Wahlqualifikation 1: Beratung von Kunden in komplexen Situationen

Auszug aus dem Ausbildungsrahmenplan für die Berufsausbildung zum Kaufmann im Einzelhandel/zur Kauffrau im Einzelhandel, Abschnitt C: berufsprofilgebende Fertigkeiten, Kenntnisse und Fähigkeiten in den Wahlqualifikationen nach §5 Absatz 4 Satz 1 Nummer 1	
Beratung von Kunden in komplexen Situationen	**a)** im Beratungsgespräch vertiefte Kenntnisse aus einem Warenbereich mit mindestens zwei Warengruppen anwenden, dabei Leistungsversprechen des Unternehmens gegenüber Kunden vertreten
	b) Kaufmotive und Wünsche von Kunden durch Beobachten, aktives Zuhören und Fragen ermitteln und diese in Verkaufs- und Beratungsgesprächen berücksichtigen
	c) im Beratungsgespräch Kommunikationstechniken zur Förderung der Kundenzufriedenheit einsetzen
	d) Selbst- und Fremdbild reflektieren und bei der Kommunikation berücksichtigen
	e) Kunden über qualitäts- und preisbestimmende Merkmale sowie über Verwendungsmöglichkeiten der Waren informieren
	f) Merkmale von Herstellermarken und Handelsmarken im Beratungsgespräch herausstellen
	g) die Bedeutung von Qualitäts- und Gütesiegeln von Waren im Beratungsgespräch herausstellen
	h) die Gesundheits- und Umweltverträglichkeit sowie die Nachhaltigkeit von Waren beurteilen und Kunden hierüber informieren
	i) Einwänden von Kunden überzeugend begegnen und den Verkaufsabschluss fördern
	j) Trends und aktuelle Entwicklungen beobachten und als Verkaufsargument nutzen
	k) Informationsquellen zur Aneignung warenbezogener Kenntnisse nutzen
	l) Kunden über rechtliche und betriebliche Rücknahmeregelungen sowie über umweltgerechte Möglichkeiten der Entsorgung von Waren informieren
	m) Umtausch, Beschwerde und Reklamation auch in schwierigen Situationen unter Anwendung rechtlicher und betrieblicher Regelungen lösen und dabei sowohl die Interessen des Unternehmens vertreten als auch kundenorientiert handeln
	n) Ursachen von Konflikten in Verkaufssituationen analysieren und Schlussfolgerungen für künftige Verkaufsgespräche ableiten

Bearbeitungshinweise

Persönliche und fachliche Eignung des Verkäufers, Kundenorientierung und Empathie sind notwendige Voraussetzungen, um bei den Kunden Vertrauen aufzubauen und das Verkaufsgespräch erfolgreich abzuschließen. Ihr Fachwissen und Ihre Kundenkenntnisse wenden Sie in den verschiedenen Phasen des Verkaufsgesprächs an. Folgende Gliederung ist sinnvoll:

1 Wie können Sie als Person das Vertrauen der Kundin gewinnen?
2 Was ist das Besondere an Bio-Lebensmitteln?
3 Wodurch unterscheiden sich die verschiedenen Käsegruppen?
4 Haben Sie es mit einer typischen „Öko-Kundin" zu tun?
5 Wie sprechen Sie die Kundin an, um ihre Kaufmotive zu erfahren?
6 Mit welchen Argumenten können Sie die Kundin überzeugen?
7 Wie gehen Sie mit den Kundeneinwänden um?
8 Mit welchen Ergänzungs- und Serviceangeboten können Sie zum guten Geschäftsimage beitragen?
9 Wie bringen Sie das Gespräch zum Abschluss?

Ausführungen zu 1

Neben einem ordentlichen, sauberen Erscheinungsbild und höflichen Umgangsformen ist die Sprache Grundvoraussetzung für den Verkaufserfolg. Bei der Gesprächsführung müssen Sie darauf achten, die Kundin direkt anzusprechen, ihr aktiv zuzuhören und Lautstärke, Sprechtempo und den Einsatz von Fachbegriffen dem Hörvermögen und dem Kenntnisstand der Kundin anzupassen. Sie sollten zum einen Ihre eigene Körpersprache durch eine offene Haltung, freundliche Mimik und angemessene Gestik kontrollieren, zum anderen die Körpersprache der Kundin beobachten, um daraus Ablehnung oder Zustimmung ablesen zu können.

Ausführungen zu 2

Alle Bio-Lebensmittel, die in der Europäischen Union hergestellt werden, müssen mit dem EU-Bio-Siegel gekennzeichnet werden. Produkte mit diesem Logo garantieren, dass bei der Herstellung die Mindestanforderungen nach der EU-Öko-Verordnung erfüllt wurden: Gentechnikfreiheit, überwiegender Verzicht auf chemisch-synthetische Pflanzenschutz- und Düngemittel, artgerechte Tierhaltung, Verzicht auf wachstums- und leistungsfördernde Mittel bei der Fütterung, Verwendung von naturidentischen Aromastoffen und Rückverfolgbarkeit der Herkunft des Lebensmittels. Zusätzlich dürfen die Hersteller noch andere Siegel anbringen.

Ausführungen zu 3

Der Anteil der Trockenmasse (wasserlose Masse) im Käse bestimmt seine Schnitt- und Streichkonsistenz. Danach unterscheidet man Frischkäse (z. B. Quark, Mozzarella, Mascarpone), Weichkäse (z. B. Camembert, Brie, Weinkäse), halbfester Schnittkäse (z. B. Butterkäse, Roquefort, Esrom), Schnittkäse (z. B. Gouda, Edamer, Appenzeller) und Hartkäse (z. B. Emmentaler, Parmesan und Chester). Der Fettgehalt von Käse wird als Fett in der Trockenmasse angegeben und/oder auch als Fettgehaltsstufe: Doppelrahm-, Rahm-, Vollfett-, Fett-, Dreiviertelfett-, Halbfett-, Viertelfett-, Magerstufe. Wassergehalt und Fettanteil beeinflussen den Geschmack von Käse. Frischkäsesorten haben beispielsweise einen fein säuerlichen Geschmack, Hartkäsesorten ein intensives Aroma und einen kräftigen Geschmack. Eigene Geschmacksnoten haben Käse aus Schafs- oder Ziegenmilch. Aussagekräftige Begriffe zur Beschreibung des Geschmacks von Käse sind z. B. feinsäuerlich, cremig, mild, aromatisch, pikant und würzig.

Ausführungen zu 4

Die Kundengruppe der Käufer von Bio-Lebensmitteln ist vielschichtig. Kunden, die ihre gesamte Ernährung ausschließlich auf biologisch erzeugte Lebensmittel ausgerichtet haben, trifft man eher selten an (und wenn, dann nur im Fachhandel). Viele Kunden, insbesondere mittleren Alters oder älter, möchten sich und ihre Familie gesund ernähren. Sie verbinden mit Bio-Lebensmitteln natürliche Kost, die unbelastet ist von Pflanzenschutzmitteln oder Antibiotika und frei von künstlichen Zusatzstoffen. Sie erwarten auch eine bessere Qualität hinsichtlich des Geschmacks. Ein weiteres Kaufmotiv kann das „gute Gewissen" gegenüber Umwelt und Tierhaltung sein. Geringere Bodenbelastung bei der Produktion, Ressourcen schonende Herstellungsverfahren auch bei den Verpackungen und geringere Luftverschmutzung beim Transport (z. B. Produkte aus der Region) sind für diese Kunden ausschlaggebend. Produkte aus fairem Handel decken zusätzlich soziale Aspekte ab.

Ausführungen zu 5

Da die Kundin schon Interesse an der Ware gezeigt hat, sollten Sie den Kontakt zu ihr durch eine indirekte Bedarfsermittlung aufnehmen. Damit können Sie gleich eine Information über einen Käse geben, z. B.: „Das ist ein mild-aromatischer Bio-Gouda von einer Molkerei, die nur regionale Produkte verarbeitet." Die Kundin wird sich dazu äußern oder mit entsprechendem Mienenspiel zeigen, ob die Käsesorte ihr zusagt und ob sie Wert auf die Transparenz der Herkunft legt. In der Regel schafft es bei den

Kunden mehr Vertrauen, wenn sie erfahren, wo das Produkt herkommt.

Bei der direkten Bedarfsermittlung werden verschiedene Fragetechniken eingesetzt: Offene Fragen animieren die Kundin zum Sprechen, z. B.: „Welche Geschmacksrichtung sagt Ihnen zu?“ Geschlossene Fragen lenken in eine bestimmte Richtung, z. B.: „Haben Sie unsere neuen Bio-Käsesorten schon einmal probiert?“ Mit Suggestivfragen bzw. suggestiven Aussagen, können Sie die Meinung der Kundin beeinflussen, z. B.: „Die Molkerei bezahlt den Bauern einen fairen Preis für die Milch.“ Aus der Reaktion der Kundin erfahren Sie, wie wichtig ihr das Motiv der sozialen Verantwortung ist.

Ausführungen zu 6

Ist die Kundin überwiegend ernährungs- und gesundheitsorientiert und hat sie zudem noch gesundheitliche Probleme wie z. B. Allergien, greifen Sie diesen Kundenanspruch bei der Argumentation auf, z. B.: „Probieren Sie den aromatischen Bio-Appenzeller. Dieser Schnittkäse ist lactosefrei, Sie werden den Käse trotz einer Überempfindlichkeit gegen Milchzucker gut vertragen.“ Bei dieser Formulierung können Sie der Kundin zeigen, dass Sie „gut zugehört“ haben und über Fachkenntnisse verfügen. Die Kundin freut sich sicherlich, wenn Sie sich um ihre Gesundheit sorgen. Das überzeugendste Argument bezüglich des Geschmacks ist eine Verkostung. Die Kundin wird eher geneigt sein, den Käse zu kaufen, wenn sie den Geschmack getestet hat.

Ausführungen zu 7

Wichtig ist, den Kundeneinwand nicht zu überhören. Ohne genauere Informationen schätzen die Kunden den Preis von Bioprodukten oft als zu hoch ein. Durch den Vergleich zu konventionellen Lebensmitteln können die Kunden vom „Mehrwert“ überzeugt werden, z. B.: „Im Gegensatz zur herkömmlichen Produktion verwendet der Biobauer nur ökologisch erzeugte Futtermittel und verzichtet außerdem auf die Zugabe von leistungsfördernden Substanzen und Antibiotika. Die Milchleistung der Kühe ist zwar geringer, aber dafür ist die Milch weniger mit schädlichen Stoffen belastet.“

Der Einwand gegen die Qualität von Bio-Käse zeigt, dass die Kundin noch Zweifel hat. In dieser Situation ist die Anwendung der Ja-aber-Methode sinnvoll, z. B.: „Sie haben Recht, die angestiegene Nachfrage nach Bioprodukten hat auch in dieser Branche zur Intensivierung der landwirtschaftlichen Produktion geführt. Bei uns können Sie aber sicher sein, dass nur hochwertige Käsesorten im Sortiment sind, deren Herkunft transparent ist.“ Ein Hinweis auf das zweite Kontrollsiegel (z. B. von „Bioland“) verstärkt das Vertrauen in die „Ehrlichkeit“ des Herstellers, z. B.: „Produzenten des Anbauverbandes Bioland garantieren, dass der landwirtschaftliche Betrieb ausschließlich ökologisch wirtschaftet.“

Ausführungen zu 8

Über eine Beratung hinsichtlich der Lagerung von Käse ist die Kundin sicherlich dankbar, z. B.: „Hartkäse bleibt bei geeigneter Lagerung zwei Wochen frisch. Sein Geschmack bleibt erhalten, wenn er getrennt von anderen Lebensmitteln verpackt im Gemüsefach des Kühlschranks aufbewahrt wird. Das Einfrieren von Hartkäse ist nicht empfehlenswert, es verändert seine Struktur und seinen Geschmack.“ Weitere Serviceangebote an der Käsetheke können die Zusammenstellung und Herrichtung von Käseplatten zu verschiedenen Anlässen, die Lieferung nach Hause und die telefonische Bestellungsannahme sein. Sinnvolle Ergänzungsangebote sind Käsemesser, Käsehobel oder zur jeweiligen Käsesorte passende Weine.

Ausführungen zu 9

Gibt die Kundin durch verbale und nonverbale Abschlusssignale ihre Kaufbereitschaft zu verstehen, kann der Kaufentschluss durch geeignete Abschlusstechniken forciert werden: Alternativfragen, die Zusammenfassung wichtiger Argumente und die persönliche Empfehlung räumen die letzten Bedenken der Kundin aus.

LÖSUNGEN

Wahlqualifikation 2: Beschaffung von Waren

Auszug aus dem Ausbildungsrahmenplan für die Berufsausbildung zum Kaufmann im Einzelhandel/zur Kauffrau im Einzelhandel, Abschnitt C: berufsprofilgebende Fertigkeiten, Kenntnisse und Fähigkeiten in den Wahlqualifikationen nach §5 Absatz 4 Satz 1 Nummer 2

Beschaffung von Waren	**a)** den Warenbedarf für das Ausbildungssortiment unter Berücksichtigung von Kennziffern aus dem Warenwirtschaftssystem sowie unter Berücksichtigung künftiger verkaufsrelevanter Ereignisse ermitteln
	b) Waren unter Berücksichtigung von Bestellverfahren und Liefermodalitäten disponieren
	c) die Einhaltung von Vertrags- und Zahlungsbedingungen aus Beschaffungsverträgen kontrollieren und bei Abweichungen geeignete Maßnahmen einleiten
	d) Maßnahmen zur Sicherstellung der Vollständigkeit der Waren ergreifen und bewerten
	e) Vorschläge zur Gestaltung des Warensortiments nach Auswertung warenwirtschaftlicher Daten erarbeiten, dabei insbesondere Umsatz, Handelsspanne, Qualität, Trends, Zielgruppen, Standort, Nachhaltigkeit und die Wettbewerbssituation beachten
	f) an der Herausnahme und Neuaufnahme von Waren mitwirken

Bearbeitungshinweise

1 Sie haben die Aufgabe, neue Lieferanten zu ermitteln. Woher beziehen Sie mögliche Informations- und Bezugsquellen?
2 Vergleichen Sie beide Angebote bezüglich der Zahlungs- und Lieferbedingungen. Wo liegt der Unterschied zwischen einer Anfrage und einem Angebot?
3 Ermitteln Sie den Bezugspreis für 1.200 Stück für beide Angebote.
4 Zeigen Sie drei weitere Aspekte auf, die Sie neben dem Preis als Entscheidungshilfe bei der Auswahl des Lieferanten berücksichtigen könnten (qualitativer Angebotsvergleich).
5 Die Daunenjacken werden in Ihrer Abteilung angeboten. Eine Kundin kauft eine Jacke und zahlt mit ihrer Girocard. Erläutern Sie den Zahlungsvorgang, wenn die Kundin mit PIN zahlt!
6 Abschließend haben Sie die Möglichkeit, auf die Vor- und Nachteile der Materialien (Polyester, Daunen) einzugehen. Zeigen Sie Produktmerkmale auf, aus denen Sie Verkaufsargumente formulieren könnten!

Ausführungen zu 1

Interne Unternehmensdaten: meist im Zusammenhang mit einem Warenwirtschaftssystem (WWS), Informationen über Lieferanten und Artikel, Preis-, Einkaufs- und Absatzstatistiken.
Externe Unternehmensdaten: Internet, Adressenverzeichnisse, Messen, Ausstellungen, Fachzeitschriften, Fachzeitungen, Vertreterbesuche, IHK usw.

Ausführungen zu 2

	Westerland	Kölle
Zahlungsbedingungen	Zahlung ist innerhalb von 30 Tagen ohne Abzug. Bei Zahlung innerhalb von 10 Tagen gewähren wir 2,0 % Skonto.	Zahlungsziel: 30 Tage Bei Zahlung innerhalb von 2 Wochen 2,0 % Skonto
Lieferungsbedingungen	die Lieferung erfolgt in ca. 1 Woche	die Lieferung erfolgt kurzfristig

- Anfrage: unverbindlicher Antrag an die Allgemeinheit
- Angebot: verbindlicher Antrag („Willenserklärung") an eine bestimmte Person. Inhalte: Art, Güte und Beschaffenheit der Ware, Menge, Liefer- und Zahlungsbedingungen, Preis

Ausführungen zu 3

	Westerland		Kölle	
Listeneinkaufspreis		83.880,00 €		71.880,00 €
– Lieferantenrabatt	25 %	20.970,00 €	15 %	10.782,00 €
= Zieleinkaufspreis		62.910,00 €		61.098,00 €
– Lieferantenskonto	2 %	1.258,20 €	2 %	1.221,96 €
= Bareinkaufspreis		61.651,80 €		59.876,04 €
+ Bezugskosten		–		–
= Bezugspreis/Einkaufspreis		61.651,80 €		59.876,04 €

Hierbei die Anmerkung „freibleibend" beachten! Freizeichnungsklausel: Angebot von Kölle GmbH kann jederzeit abgeändert werden.

Ausführungen zu 4

Hier können Sie z. B. nennen:

- Qualität der Ware (Ware ist nur verkäuflich, wenn sie den Qualitätsansprüchen der Kunden entspricht. Sollte der Kunde von der Qualität nicht überzeugt sein, bleibt sie im Verkaufsregal liegen. Dadurch entstehen hohe Lager- und Verwaltungskosten.)
- Umweltverträglichkeit der Ware (Verpackung usw.)
- Lieferbedingungen (Wird die Ware pünktlich und mangelfrei geliefert? Fehlbestände führen zu Kunden- und Umsatzverlusten [Gewinneinbußen]. Unzuverlässiges Liefern führt zu großen Warenbeständen im Lager. Weiterhin ist zu beachten: Innerhalb welcher Frist wird geliefert, welche Mengen können geliefert werden, gibt es eine Mindestbestellmenge, wie flexibel reagiert der Lieferant auf Sonderwünsche?)
- Zahlungsbedingungen (Mahnverhalten, Zahlungszeitpunkt)
- Serviceleistungen (kulantes Verhalten des Lieferanten bei Reklamationsfällen, Aufbau von Displaymaterial, Beratungen usw.)

Ausführungen zu 5

1 Der Rechnungsbetrag wird in die Kasse eingegeben.
2 Der Kunde steckt anschließend seine Girocard in das Kartenlesegerät. Die Karte und das Kartenlesegerät sind miteinander verbunden, sodass der Geldbetrag im Lesegerät erscheint.
3 Von der Karte werden die IBAN und die BIC des Kunden eingelesen.
4 Es werden zwei Zahlungsbelege (Lastschriften) ausgedruckt. Ein Zahlungsbeleg wird vom Kunden unterschrieben.
5 Der Einzelhändler vergleicht die Unterschrift des Kunden auf dem Beleg mit der Unterschrift auf der Karte und überprüft die Identität des Kunden möglichst mit Hilfe eines Ausweises. Den unterschriebenen Beleg behält er ein.
6 Der Kunde erhält einen Zahlungsbeleg, die Karte und gegebenenfalls seinen Ausweis zurück.
7 Der Einzelhändler reicht den Beleg bei seiner Bank ein und erhält die Gutschrift.

Ausführungen zu 6

z. B. Polyester/Polyamid:

- gehören zu den synthetischen Kunststoffen; eignen sich zur Herstellung von Textilien.
- Vorteile: scheuerfest, knittern nicht, resistent gegen Bakterien, gut färbbar, nehmen beim Waschen wenig Wasser auf, wodurch sie gut trocknen; lassen sich sehr fein spinnen, deshalb auch gut geeignet zur Produktion von Textilien im Outdoor-Bereich: daraus hergestelltes Mikrofaser-Gewebe hat feine Poren und ist wasser- und windundurchlässig; Schweiß (Wasserdampf) kann dabei nach außen dringen (atmungsaktiv)
- Nachteile: hohe statische Aufladung bei Trockenheit, wodurch die Fasern relativ schmutzempfindlich werden, andere nehmen Gerüche intensiv auf
- Einsatzgebiete: Sportbekleidung (Trainingsanzüge), Daunenjacken, Bade- und Freizeitbekleidung, Futterstoffe, Kleiderstoffe, Blusenstoffe, Wetterschutzbekleidung; Polyamidfasern werden auch in Mischungen verwendet: häufig mit Wolle, Baumwolle oder anderen Chemiefasern
- Handelsnamen für Polyesterfasern: Trevira, Diolen
- Pflege: Waschen bei 40 °C (Schonwaschgang), nicht chloren, bei niedrigster Stufe bügeln, nicht im Trockner trocknen

z. B. Daunen:

- Daunenarten: es gibt organische (Gänsedaunen, Entendaunen und selten Eiderdaunen) und nicht-organische (Thinsulate, Primaloft, Polarguard, Thermolite, verschiedene Arten von Fleece: Polartec, Huntigdon Mills, Pontetorto etc.)
- Eigenschaften: leichtes Gewicht, hohe Wärmeschutzfähigkeit, geringes Volumen beim Transport, lange Tragbarkeit
- Daunenqualität: wird bemessen durch die Qualität des Rohstoffes; sehr gute Qualität haben weiße Gänse
- Pflege: Daunen können mit speziellen Waschmitteln bearbeitet werden. Sie können vorsichtig von Hand in warmem Wasser gewaschen werden (ca. 40 °C; nach dem Waschen mehrmals ausspülen) oder in der Waschmaschine (Schongang!). Daunen niemals in feuchtem und zusammengepresstem Zustand aufbewahren!
- Verkaufsargumente: „Diese Daunen in der Daunenjacke riechen gut. Schlecht riechende Daunen sollten Sie am besten nicht kaufen, sie sind schlecht durchgewaschen und verderben schnell. Nehmen Sie möglichst viele Daunen von der Jacke in die Hand und drücken Sie die Hand fest zusammen. Sehen Sie, Sie spüren keine Stiche. Wenn Sie Stiche spüren, ist der Anteil von unreifen Rohfedern zu groß.“

Wahlqualifikation 3: Warenbestandssteuerung

Auszug aus dem Ausbildungsrahmenplan für die Berufsausbildung zum Kaufmann im Einzelhandel/zur Kauffrau im Einzelhandel, Abschnitt C: berufsprofilgebende Fertigkeiten, Kenntnisse und Fähigkeiten in den Wahlqualifikationen nach § 5 Absatz 4 Satz 1 Nummer 3	
Warenbestandssteuerung	**a)** Bestandsstatistiken erstellen, führen und auswerten
	b) Bestands- und Umsatzkennziffern analysieren und entsprechende Statistiken nutzen
	c) Maßnahmen zur Umsatzsteigerung, Ertragsverbesserung und Bestandsoptimierung ableiten sowie Umsetzungsvorschläge entwickeln und umsetzen
	d) Warenbestände unter Berücksichtigung der Bestellvorschläge des Warenwirtschaftssystems erfolgsorientiert steuern
	e) Ursachen für Inventurdifferenzen feststellen, Vorschläge für Maßnahmen zur Vermeidung von Inventurdifferenzen entwickeln und bei deren Umsetzung mitwirken

Bearbeitungshinweise

In dieser Aufgabenstellung sind etliche Teilaufgaben verborgen, die dann aber zu der geforderten umfassenden Analyse führen müssen. Folgende Gliederung ist denkbar:

1 Produktunterschiede und Anwendungsmöglichkeiten (Warenkunde)
2 Aussagekraft der vorliegenden Zahlen
3 Erläuterung zu Brutto- und Nettozahlen
4 Erläuterung der Zahlen (Absatz, Umsatz, Roh- und Reingewinn)
5 Begründete Analyse mit Maßnahmen, falls nötig

(Die Analyse steht zwar in der Aufgabenstellung an erster Stelle, doch lässt sie sich einfacher durchführen, wenn die Begriffe zuvor erläutert worden sind. Deshalb steht hier die Analyse an letzter Stelle. Ein anderes, ebenfalls mögliches Vorgehen könnte es sein, die verschiedenen Artikel der Reihe nach durchzuarbeiten. In diesem Fall wäre Ihre Lösung anders strukturiert als die hier angegebenen Lösungsvorschläge. Die drei Artikel müssten in diesem Fall zum Schluss ebenfalls miteinander verglichen werden – hierbei besteht schnell die Gefahr der Wiederholung.)

Ausführungen zu 1

Warenkundliches über Produktunterschiede bei Akkuschraubern und deren Anwendungsmöglichkeiten: Bleiben Sie dabei nicht bei der Nennung unterschiedlicher Herstellernamen, sondern nutzen Sie Ihre warenkundlichen Kenntnisse. Unterscheiden Sie die Schrauber nach Gehäusematerial (Metall, Plastik), Akkuunterschieden, Leistungsunterschieden und Leistungsregelung. Nennen Sie aber nicht nur die technischen Angaben, sondern auch den Kundennutzen, der sich daraus ergibt, z. B. ist das Metallgehäuse robuster und für häufigen Gebrauch auch auf Baustellen geeignet. Das Plastikgehäuse dagegen ist leichter, aber nicht so bruchsicher.
An dieser Stelle könnten Sie auch etwas zur Nachhaltigkeit (Umweltfreundlichkeit) der einzelnen Geräte beim Recycling sagen. Auch bietet es sich ggf. an, den Blauen Engel zu erwähnen, wenn einer der Ihnen bekannten Akkuschrauber dieses Umweltsiegel aufweist oder Ihrer Meinung nach aufweisen sollte. Um das richtige Gerät zu empfehlen, muss Ihnen das Kaufmotiv des Kunden bekannt sein.

Ausführungen zu 2

Eventuell fehlende Zahlen für die Analyse: Hier müssen Sie darauf hinweisen, dass der Ausdruck aus dem Warenwirtschaftssystem lediglich eine Momentaufnahme des jeweiligen Zeitraums ist. Wichtig wäre es, die Zahlen mit dem Vorjahreszeitraum zu vergleichen oder mit Branchen oder Herstellervergleichszahlen für gleichartige Unternehmen. Hier können Sie den Hinweis anbringen, dass solche Zahlen beim HDE (HDE: Handelsverband Deutschland e. V. – Einzelhandel) erhältlich sind.

Ausführungen zu 3

Es empfiehlt sich an dieser Stelle auch darauf hinzuweisen, dass die Zahlen selbstverständlich alle ohne Umsatzsteuer ausgewiesen sind, da die Umsatzsteuer von den Endverbrauchern getragen wird. Der Einzelhändler behält sie nur ein und leitet sie an das Finanzamt (bzw. über die Vorsteuer an den Vorlieferanten) weiter. Sie spielt also für innerbetriebliche Auswertungen keine Rolle.

LÖSUNGEN

Ausführungen zu 4

Der Absatz zeigt die verkauften Stückzahlen der drei Modelle. Hier ergibt sich die Reihenfolge: Ultrafix, Superdreh und Metafix. Der Umsatz multipliziert den Absatz mit dem jeweiligen Verkaufspreis. Durch die Differenzen in der Preisgestaltung ist die Reihenfolge beim Umsatz die gleiche. Auch die Zahlen des Rohgewinns (Umsatz – Wareneinsatz) passen dazu. Allerdings ändert sich die Reihenfolge beim Reingewinn. Hier werden vom Rohgewinn noch die Kosten abgezogen, die der jeweilige Artikel verursacht. Beim Reingewinn liegt Superdreh vor Ultrafix und dem Schlusslicht Metafix. Das passt auch zu den Zahlen der Umschlagshäufigkeit, die Superdreh auf dem ersten Platz sieht, dann Metafix und hier ist das Schlusslicht Ultrafix. Die Umschlagshäufigkeit gibt an, wie häufig das Lager im Laufe der Periode abverkauft und wieder gefüllt wird.

Ausführungen zu 5

Die Analyse ergibt, dass der Artikel Metafix aufgrund der Preisgestaltung offensichtlich als Einsteigermodell gedacht ist, aber einen deutlich geringeren Absatz aufweist als die beiden anderen Artikel. Die Umschlagshäufigkeit 10 ist jedoch deutlich höher als die des Artikels Ultrafix. Das führt zu einer häufigeren Bestellung mit entsprechenden Bestellkosten. Es wäre wünschenswert, die Umschlagshäufigkeit von Ultrafix deutlich zu verbessern, um dadurch die Kapitalbindungskosten zu senken. Die Verbesserung der Umschlagshäufigkeit scheint eher durch eine Verringerung der Lagermenge erreichbar zu sein als durch eine Steigerung des Absatzes, der mit 1.300 Stück ja schon deutlich vor den beiden anderen Artikel liegt. Vielleicht verursacht Ultrafix gerade wegen der geringeren Umschlagshäufigkeit auch den höchsten Kostenanteil bezogen auf den Rohgewinn (das sind 27.720 €; rund 70 % vom Rohgewinn). Nach dieser Vergleichszahl müsste der Artikel Superdreh im Absatz gefördert werden, denn sein Kostenanteil am Rohgewinn beträgt nur 14.226 € (49 %) (Metafix 8.460 € = 57 %). Das könnte vielleicht kostengünstig mit veränderter Regalplatzierung erreicht werden. Zusätzliche Werbe- oder Verkaufsförderungsmaßnahmen wären vermutlich zu kostenintensiv.

Wahlqualifikation 4: Kaufmännische Steuerung und Kontrolle

Auszug aus dem Ausbildungsrahmenplan für die Berufsausbildung zum Kaufmann im Einzelhandel/zur Kauffrau im Einzelhandel, Abschnitt C: berufsprofilgebende Fertigkeiten, Kenntnisse und Fähigkeiten in den Wahlqualifikationen nach § 5 Absatz 4 Satz 1 Nummer 4	
Kaufmännische Steuerung und Kontrolle	**a)** Ergebnisse der Kosten- und Leistungsrechnung analysieren und Schlussfolgerungen ableiten
	b) Ergebnisse der betrieblichen Erfolgsrechnung analysieren und Verbesserungsmöglichkeiten insbesondere unter Berücksichtigung des Rohertrages entwickeln
	c) Statistiken erstellen und auswerten
	d) betriebliche Kennzahlen ermitteln und bewerten sowie Schlussfolgerungen ableiten, Maßnahmen vorschlagen sowie an deren Umsetzung mitwirken
	e) Auswirkungen unterschiedlicher Faktoren, insbesondere von Preisgestaltung, Beständen sowie Kosten, auf Kalkulation und Ertrag beurteilen
	f) Maßnahmen zur Verbesserung betrieblicher Arbeitsprozesse vorschlagen und an deren Umsetzung mitwirken

Bearbeitungshinweise

In dieser Aufgabenstellung sind etliche Teilaufgaben verborgen, die dann aber zu der geforderten umfassenden Analyse führen müssen. Folgende Gliederung ist denkbar:

1 Erklären Sie die Kennziffern: Umschlagshäufigkeit, Personalproduktivität und Flächenproduktivität.
2 Analysieren Sie die Kennziffern aus dem Betriebsvergleich. Nennen Sie mögliche Ursachen für die Abweichungen der unterschiedlichen Kennziffern. Wo stehen Sie günstiger, wo schlechter als die Vergleichsunternehmen?
3 Leiten Sie aus der Analyse mögliche praktische Schritte ab, die zur Ertragsverbesserung in Ihrem Warenbereich beitragen könnten.
4 Erklären Sie, wie Sie kurz- und längerfristig wirksame Maßnahmen einleiten wollen.
5 Gehen Sie bei Ihren Ausführungen auch warenkundlich auf den Warenbereich ein, z. B. auf Shampoo.

Ausführungen zu 1

Die Umschlagshäufigkeit beantwortet die Frage, wie oft der durchschnittliche Warenbestand innerhalb einer Periode (z. B. eines Jahres) verkauft wird. Als Personalproduktivität bezeichnet man den Umsatz je Mitarbeiter bezogen auf eine Warengruppe oder das gesamte Sortiment. Die Flächenproduktivität zeigt den Umsatz für eine bestimmte Fläche, z. B. eine vergleichbare Fläche zweier Abteilungen oder den Umsatz pro Quadratmeter.

Ausführungen zu 2

Ihr Unternehmen leistet eine geringere Umschlagshäufigkeit als die Vergleichsunternehmen, die Personalproduktivität ist ebenfalls geringer als im Vergleich, allerdings ist die Flächenproduktivität höher als im Unternehmensvergleich.

- Umschlagshäufigkeit: Möglicherweise befindet sich in der Nähe Ihres Unternehmens ein Mitbewerber, z. B. ein Warenhaus, Verbrauchermarkt oder großer Supermarkt, bei dem Ihre Kunden die Waren aus diesem Warenbereich kaufen. Es kann jedoch auch eine schlechte Präsentation oder Platzierung im Markt dafür verantwortlich sein. Die Umschlagshäufigkeit relativiert sich jedoch, weil aus den Vergleichsdaten kein durchschnittlicher Warenbestand hervorgeht.
- Personalproduktivität: Der Unternehmensvergleich zeigt nicht, wie personalintensiv die Vergleichsunternehmen geführt werden. Möglicherweise ist Ihr Unternehmen besser mit Personal ausgestattet als die Vergleichsunternehmen, sodass der Umsatz auf mehr Mitarbeiter verteilt wird und dementsprechend geringer ausfällt.
- Flächenproduktivität: Bei ähnlicher Verkaufsfläche erzielt Ihr Unternehmen mehr Umsatz pro Flächeneinheit als die Vergleichsunternehmen. Das kann auf die Platzierung der Ware zurückzuführen sein, aber auch auf die Struktur des

Sortiments. Möglicherweise sind Ihr Sortimentsaufbau und die Präsentation im Laden trotz schwacher Umschlagshäufigkeit in dieser Hinsicht besser gestaltet als in den Vergleichsunternehmen. Es ist allerdings auch möglich, dass Ihre Verkaufsfläche für den Warenbereich trotz Vergleichbarkeit geringer ist als in den Vergleichsunternehmen. Somit ergäbe sich ein höherer Umsatz pro Flächeneinheit nur aufgrund einer kleineren Fläche.

Ausführungen zu 3

- Hinsichtlich der Umschlagshäufigkeit sollte eine Beobachtung des Kaufverhaltens der Kunden erfolgen, außerdem eine Überprüfung der Bestandsführung im Unternehmen (zu hoher durchschnittlicher Bestand?) und schließlich eine Überprüfung der Präsentation und Platzierung der Ware im Laden.
- Zur Personalproduktivität ist zu überprüfen, ob durch verbesserte Organisation der Personaleinsatz optimiert werden kann, sodass zwar zu Stoßzeiten genug Personal zur Verfügung steht (z. B. durch Flexibilisierung der Einsatzpläne), zu verkaufsschwachen Tageszeiten das Personal jedoch möglicherweise reduziert werden kann.
- Die Flächenproduktivität ist im Unternehmensvergleich positiv aufgefallen, sodass das Hauptaugenmerk auf die Umschlagshäufigkeit und die Personalproduktivität gerichtet werden sollte, ohne die Optimierung der Verkaufsfläche aus den Augen zu verlieren.

Ausführungen zu 4

- Umschlagshäufigkeit: Die klassischen Lagerkennziffern sind zu überprüfen (z. B. Meldebestand und Mindestbestand), um evtl. kürzere Lieferrhythmen zu realisieren. Möglicherweise sollte das Sortiment des Warenbereichs stärker beworben werden oder es sollten geeignete Verkaufsförderungsmaßnahmen gestartet werden. Die Warenpflege ist zu überprüfen, denn attraktive Ware verkauft sich besser. Die Renner-Penner-Liste gibt Aufschluss über Artikel, die möglicherweise zu Ladenhütern geworden sind.
- Personalproduktivität: Eventuell müssen Mitarbeiter besser für den Warenbereich geschult werden, sodass die Beratung verbessert werden kann und somit mehr Kunden angelockt und gebunden werden können. Außerdem kann geprüft werden, ob der Absatz über geeignete Ergänzungsangebote gesteigert werden kann. Zudem ist eine Flexibilisierung des Personaleinsatzes in Erwägung zu ziehen, z. B. durch Teilzeitverträge oder qualifizierte Aushilfen.

Ausführungen zu 5

Shampoo sollte das Haar gut reinigen, in seiner Wirkung unabhängig von der Wasserhärte sein, allgemein hautverträglich sein, gut schäumen und eine sichtbar positive Wirkung auf das Haar entwickeln. Die Inhaltsstoffe sollten möglichst biologisch abbaubar sein.

Man unterscheidet folgende Shampooarten:

- Shampoo für fettiges Haar: Sehr häufiges Waschen regt die Talgdrüsen auf dem Kopf zu stärkerer Fettproduktion an und führt zum schnellen „fettig werden" des Haares. Mit einem speziellen Shampoo kann man das Haar trotzdem mehrmals in der Woche waschen.
- Shampoo für trockenes Haar: Die Pflegestoffe dieser Shampoos bewirken eine bessere Kämmbarkeit und Geschmeidigkeit der Haare. Typische Inhaltsstoffe sind pflanzliche Öle, Lecithin und Lanolin.
- Shampoo für strapaziertes Haar: Spezialshampoos für strapaziertes Haar enthalten die gleichen Wirkstoffe wie für trockenes Haar, jedoch höher konzentriert.
- Anti-Schuppenshampoo: Ein Anti-Schuppenshampoo soll Hautschuppen von der Kopfhaut entfernen und bei regelmäßiger Anwendung die Bildung von Schuppen verhindern. Die Zusammensetzung eines Schuppenshampoos unterscheidet sich in der Regel wenig von einem Shampoo für normales Haar. Es werden lediglich andere bzw. zusätzliche Wirkstoffe wie Climbazol verwendet.
- Babyshampoo: Babyshampoos sind besonders haut- und schleimhautverträglich.

Wahlqualifikation 5: Marketingmaßnahmen

Auszug aus dem Ausbildungsrahmenplan für die Berufsausbildung zum Kaufmann im Einzelhandel/zur Kauffrau im Einzelhandel, Abschnitt C: berufsprofilgebende Fertigkeiten, Kenntnisse und Fähigkeiten in den Wahlqualifikationen nach § 5 Absatz 4 Satz 1 Nummer 5	
Marketing-maßnahmen	**a)** die Marktsituation am Standort unter besonderer Berücksichtigung von wirtschaftlichen und regionalen Gesichtspunkten analysieren und beurteilen
	b) den Marktauftritt von Mitbewerbern im stationären Handel und im Onlinehandel bewerten und unter Berücksichtigung wettbewerbsrechtlicher Vorgaben Vorschläge für Marketingmaßnahmen erarbeiten und begründen
	c) Instrumente der Marktbeobachtung einsetzen, Ergebnisse der Marktforschung zum Kaufverhalten auswerten und Vorschläge für den Einsatz von Marketinginstrumenten ableiten und begründen
	d) Informations- und Kaufverhalten von Zielgruppen unterscheiden, Konsequenzen ableiten, Maßnahmen vorschlagen und an der Umsetzung mitwirken
	e) verkaufsfördernde Maßnahmen unter Berücksichtigung von verkaufsstarken und verkaufsschwachen Zonen und unter Berücksichtigung betrieblicher Vorgaben entwickeln und umsetzen
	f) Platzierungen im Verkaufsraum planen, umsetzen und deren Auswirkungen beurteilen
	g) Produktinformationen für die Verkaufsförderung kundenorientiert einsetzen
	h) Erfolgskontrollen vorbereiten, durchführen und auswerten sowie Verbesserungsvorschläge ableiten

Bearbeitungshinweise

1 Erklären Sie Grundsätze der Ladengestaltung in Bezug auf eine Sortimentserweiterung.
2 Erstellen Sie einen Werbeplan.
3 Schlagen Sie geeignete Verkaufsförderungsmaßnahmen vor, die auf den neuen Sortimentsbereich abgestimmt sind.
4 Beschreiben Sie Möglichkeiten zur Ermittlung des Werbeerfolgs.
5 Gehen Sie bei der Vorstellung Ihres Konzeptes insbesondere auf fachliche Zusammenhänge wie Hauttypen und Lichtschutzfaktoren ein.

Ausführungen zu 1

Mit dem Begriff Ladengestaltung verbindet man alle Gestaltungselemente innerhalb und außerhalb des Verkaufsraums. Durch eine geschickte Ladengestaltung soll einerseits die Verkaufsfläche optimiert werden und andererseits eine Ladenatmosphäre geschaffen werden, die das Einkaufsverhalten der Kunden positiv beeinflusst. Außerhalb des Verkaufsraums sind das Schaufenster und der Eingangsbereich, innerhalb des Verkaufsraums sind Kundenführung, Regalanordnung, der Einsatz von Licht und Musik und die Dekoration besonders wichtig.

Bei einer Sortimentserweiterung ist zu beachten, dass die neue Ware entsprechend auffällig positioniert wird, dabei aber das bewährte Sortiment nicht negativ beeinflusst wird. Der neue Sortimentsbereich sollte auch im Laden gleich einen Stammplatz bekommen, sodass Kunden die neuen Artikel nicht für ein Testsortiment halten bzw. man den Eindruck vermittelt, sich als Händler mit den neuen Waren noch nicht ganz sicher zu sein. Je nach Umfang der Sortimentserweiterung ist u. U. ein aufwendiger Umbau notwendig.

Ausführungen zu 2
Im Werbeplan wird festgelegt, welches Werbeziel erreicht werden soll. Der Werbeetat (d. h. die Höhe der Summe, die für diese Werbeaktion ausgegeben werden kann) wird bestimmt. Diese Summe machen einige Unternehmen von der Höhe des Absatzes abhängig. Das führt allerdings dazu, dass bei guten Absätzen viel und bei schlechten Absatzzahlen wenig geworben werden kann. Eigentlich wäre es genau umgekehrt sinnvoll (antizyklisches Verhalten). Der Werbeplan legt auch fest, was beworben werden soll (das Werbeobjekt, ein Artikel oder eine ganze Artikelgruppe). Der Einzelhändler muss auch überlegen, an wen (welche Zielgruppe?) sich die Werbung richten soll (Streukreis). Die Entscheidung, wo geworben werden soll (nur in den anliegenden Straßen, im ganzen Ort, in der Region), legt das Streugebiet fest. Die Streuzeit bestimmt, wann die Werbung laufen soll (z. B. Wochenanfang, Wochenmitte, Wochenende). Der Werbeträger ist das Medium, durch das die Werbung verbreitet wird, z. B. Druckerzeugnisse (Tageszeitungen, Anzeigenblätter, Wochenzeitungen mit lokalem oder regionalem Bezug, Kundenzeitschriften, Flyer usw.), Fernsehen und/oder Radio (Lokalfunk). Im Bereich der Außenwerbung bieten sich Litfaßsäulen, City Lights an Haltestellen oder Knotenpunkten, Busse, Straßenbahnen und Autos als Werbeträger an. Die Direktwerbung nutzt Werbebrief (direct mailing), Telefon, Handy und Internet. Die Werbemittel enthalten die eigentliche Werbebotschaft. Sie sind gekennzeichnet durch Schrift, Bild und/oder Sprache. Als Werbemittel werden Anzeigen, Plakate, Banner, Werbespots, TV-Filme, E-Mails, SMS usw. eingesetzt. Die Auswahl der Werbemittel ist selbstverständlich vom Werbeträger abhängig. Erscheinungshäufigkeit, zeitliche Dauer und der Einsatz werden von Werbeträger und Werbemittel beeinflusst.

Ausführungen zu 3
Während die Werbung überwiegend außerhalb des Ladenlokals des Einzelhändlers durch verschiedene Medien stattfindet, richtet die Verkaufsförderung ihr Hauptaugenmerk auf Maßnahmen innerhalb der Verkaufsräume. Ziel der Verkaufsförderung ist es, den Kunden zu Impulskäufen zu animieren und ihm den letzten Anstoß zum Kauf eines Produktes zu geben.

Häufig werden diese Maßnahmen der Verkaufsförderung durch die Hersteller der verschiedenen Produkte, insbesondere von Markenartikeln, durchgeführt. Aber auch größere Handelsorganisationen und der Einzelhändler selbst greifen auf die verschiedenen Möglichkeiten der Verkaufsförderung zurück. Hier bietet sich eine Reihe von Maßnahmen an:

- Produktvorführungen im Verkaufsraum durch Mitarbeiter der Herstellerunternehmen
- Verkostungen im Lebensmitteleinzelhandel
- Warenproben, insbesondere im Kosmetikeinzelhandel
- Display- und Dekorationsmaterial vor den einzelnen Warenträgern
- besondere Produktschulungen der Mitarbeiter des Einzelhandels durch die Hersteller, um deren Beratungskompetenz im Verkaufsgespräch zu erhöhen
- Sonderangebote in Form von Einführungspreisen
- Gutscheine für den kostenlosen Erwerb bestimmter Produkte
- Preisausschreiben
- besondere Warenplatzierungen auf Aktionsflächen
- Lautsprecherdurchsagen
- Verkaufsaktionen mit prominenten Personen wie Sportlern und Schauspielern
- auffällige Beschriftungen an Regalen und auf den Laufwegen der Kunden
- Lichtschriften mit Hilfe von Beamern an Wänden, Decken und Fußböden

Ausführungen zu 4
Wichtige Grundlage für die Kontrolle des Werbeerfolgs sind die Abverkaufsdaten, die das elektronische Warenwirtschaftssystem auf Knopfdruck über einen bestimmten Artikel liefern kann. Auch Kundenfrequenzzahlen und die Entwicklung der durchschnittlichen Bonsummen können wichtige Aufschlüsse über den Erfolg einer Werbeaktion liefern. Der Werbende muss immer auch externe Einflüsse, die nicht aus seiner Werbeaktion herrühren, beachten. Die Werberendite berechnet man, indem der Umsatzzuwachs durch den gesamten Aufwand der Werbeaktion geteilt wird. Auch eine Umsatzstagnation (es wurde kein Zuwachs erreicht) oder eine Umsatzminderung können Werbeerfolge sein, wenn die Wettbewerber im gleichen Zeitraum höhere Umsatzeinbußen hinnehmen mussten.

Ausführungen zu 5

Die Eigenschutzzeit der Haut ist die Zeitspanne, in der man nicht sonnengewöhnte, ungebräunte Haut der Sonne ohne Schutz aussetzen kann. Sie beträgt je nach Hauttyp zwischen acht und 40 Minuten und ist von der Sonnenintensität abhängig. Bei sonnengewöhnter Haut ist die Eigenschutzzeit etwas höher. Wenn man die Eigenschutzzeit der Haut mit dem Lichtschutzfaktor der Sonnencreme multipliziert, erhält man die maximale Zeit pro Tag, die man sich in der Sonne aufhalten kann, ohne einen Sonnenbrand zu riskieren, z. B. Eigenschutzzeit 15 Minuten · Lichtschutzfaktor 10 = 150 Minuten.

In Europa werden vier Hauttypen unterschieden:

- Hauttyp I: sehr helle Haut, hellblonde/rötliche Haare, Sommersprossen, bräunt kaum, häufig Rötung, sehr hohe Sonnenbrandgefahr (Eigenschutzzeit der Haut: 5–10 Minuten)
- Hauttyp II: helle Haut, blonde Haare, oft Sommersprossen, geringe Bräunung, häufige Rötung, hohe Sonnenbrandgefahr (Eigenschutzzeit: 10–20 Minuten)
- Hauttyp III: hellbraune Haut, dunkelblonde Haare, Bräunung mäßig, Rötung selten, mittlere Sonnenbrandgefahr (Eigenschutzzeit: 20–30 Minuten)
- Hauttyp IV: braune Haut, braune oder schwarze Haare, starke Bräunung, geringere Sonnenbrandgefahr (Eigenschutzzeit: ca. 40 Minuten)

Je nach Hauttyp sollte ein entsprechend hoher Lichtschutzfaktor gewählt werden. Das Sonnenschutzprodukt sollte das gesamte UV-A- und UV-B-Spektrum abdecken, rechtzeitig aufgetragen (je nach Produkt variiert diese Zeit, 30 Minuten vor dem Sonnenbad können aber durchgehend empfohlen werden) und regelmäßig aufgefrischt werden. Nachcremen verhindert nur, dass der Sonnenschutz z. B. durch Wasser, Schweiß oder Sand vorzeitig verloren geht – dadurch wird jedoch die Schutzzeit nicht erhöht!

Wahlqualifikation 6: Onlinehandel

Auszug aus dem Ausbildungsrahmenplan für die Berufsausbildung zum Kaufmann im Einzelhandel/zur Kauffrau im Einzelhandel, Abschnitt C: berufsprofilgebende Fertigkeiten, Kenntnisse und Fähigkeiten in den Wahlqualifikationen nach §5 Absatz 4 Satz 1 Nummer 6	
Online-handel	**a)** bei der Betreuung eines Onlineshops Rechtsvorschriften einhalten
	b) Wechselwirkungen zwischen Onlinehandel und stationärem Verkauf berücksichtigen
	c) den Produktkatalog im Onlineshop pflegen
	d) Instrumente des Onlinemarketings einsetzen und die Suchmaschinenplatzierung bewerten
	e) Kunden beim Onlinekauf beraten
	f) Feedback von Kunden im Onlinehandel auswerten und daraus Verbesserungsvorschläge für die Multi-Channel-Strategie des Betriebes ableiten
	g) Kennziffern für den Onlineshop ermitteln und auswerten
	h) Maßnahmen zur Verbesserung von Sortimentsstrukturen, Logistikprozessen und Marketingmaßnahmen im Rahmen einer Multi-Channel-Strategie vorschlagen
	i) mit IT-Dienstleistern den Onlinehandel weiterentwickeln sowie Maßnahmen zur Behebung von Störungen einleiten

Bearbeitungshinweise

Achtung: In dieser Themenstellung spielt die Ware zunächst keine Rolle. Allerdings erwartet der Prüfungsausschuss schon einen Nachweis Ihrer Warenkenntnisse. Kommen Sie ihm zuvor, indem Sie z. B. bei der Produktpräsentation (Nr. 5) die Vorstellung Ihrer Warenkenntnisse einplanen.

1 Machen Sie u. a. anhand der Tabelle deutlich, dass die Kunden heute ein besonderes Einkaufsverhalten haben.
2 Vergleichen Sie Vor- und Nachteile der Nutzung eines anderen Online-Marktplatzes gegenüber einem eigenen Onlineshop.
3 Stellen Sie die wichtigsten Rechtsvorschriften dar und begründen Sie deren Notwendigkeit.
4 Stellen Sie unterschiedliche Präsentationsmöglichkeiten für unterschiedliche Produkte, z. B. Eau de Cologne, Eau de Toilette, Eau de Parfum und Parfum, vor.
5 Erörtern Sie neue Marketinginstrumente durch Social-Media-Marketing.

Ausführungen zu 1

Das klassische Einkaufsverhalten war in der Regel so: Der potentielle Kunde stellte fest, dass er Ware benötigte und ging in das Geschäft seines Vertrauens. Dort wurde er vom Fachpersonal beraten und nach dem Kauf ging er zufrieden nach Hause. Mit der Ausbreitung des Internets, der Verbesserung des Einkommens und der Informationen über Produkte kaufen die Kunden heute 24 Stunden bequem von zuhause aus und bekommen die Ware nach Hause geliefert. Wem das Produkt dann nicht gefällt, schickt es einfach zurück.

Diese Entwicklung kann man auch der Tabelle des Einzelhandelsverbandes entnehmen. Danach stiegen die Einzelhandelsumsätze insgesamt von 2018 auf 2019 um 10,5 Mrd. €, also um 2 %. Die stationären Einzelhandelsgeschäfte hatten dagegen nur einen Umsatzzuwachs von 5,6 Mrd. €, also 1,2 %. Der Onlinehandel dagegen erwirtschaftete ein Umsatzplus von 4,9 Mrd. €. Das sind 9,1 %. Die Verbraucher bevorzugen also offensichtlich zunehmend den Onlinehandel. Da diese Entwicklung vermutlich so bleiben wird – oder sich sogar noch verstärkt – ist die Parfümerie sicher gut beraten, wenn sie sich diesen Vertriebskanal öffnet und so die Umwälzungen im Einzelhandel mitmacht.

Ausführungen zu 2
Die Eigentümer der Parfümerie müssen sich überlegen, ob sie sich für den Anschluss an einen anderen, bereits bestehenden Online-Marktplatz entscheiden oder ob sie einen eigenen Onlineshop eröffnen. Online-Marktplätze werden entweder von Händlern betrieben (z. B. Amazon) oder auch von Betreibern, die selbst nicht handeln (z. B. eBay). Durch den Anschluss an ein bestehendes Marktplatzsystem hätte die Parfümerie direkt Zugang zu einem riesigen Kundenkreis, ohne eigene Ideen zur Logistik, zu Bezahlsystemen oder zum Retourenmanagement entwickeln zu müssen. Das ist allerdings mit Kosten verbunden und es gibt weniger Möglichkeiten, ein eigenes Profil zu entwickeln. Beim Marktplatzystem eines Onlinehändlers ist darüber hinaus zu bedenken, dass der Marktplatzbetreiber selbst auch Wettbewerber für die Parfümerie ist.

Ausführungen zu 3
Die grundlegenden rechtlichen Vorgaben sind im Einführungsgesetz zum Bürgerlichen Gesetzbuch (EGBGB) und dem Bürgerlichen Gesetzbuch (BGB) selbst zu finden. Zur Sicherheit der Verbraucher sollen EGBGB und BGB den Verbraucher schützen. Besonders erwähnt werden muss hier, dass der Käufer bei Fernabsatzgeschäften 14 Tage lang die Möglichkeit hat, seine Bestellung ohne Angabe von Gründen zu widerrufen. Außerdem hat der Verkäufer eine Informationspflicht u. a. über seine Identität, seine Anschrift, die Merkmale der Ware, deren Preis, evtl. weiterer Kosten und natürlich über das Widerrufsrecht. Das Telemediengesetz (TMG) schreibt u. a. vor, dass die Internetseite eines gewerblichen Anbieters ein Impressum anzeigen muss. Darin müssen die postalische Adresse angezeigt werden, die Unternehmensform und der Name des für den Inhalt Verantwortlichen. Nach Verbraucherstreitbeilegungsgesetz (VSBG) muss der Anbieter angeben, ob er ggf. bereit ist, an einem Streitbeilegungsverfahren teilzunehmen.

Hinweis: Die Rechtslage mit den verschiedenen Rechtsvorschriften ist noch sehr viel umfangreicher, als hier beschrieben. Es würde aber den Rahmen sprengen, alle Vorschriften ausführlich zu nennen.

Ausführungen zu 4
Wie im stationären Handel müssen auch im Onlineshop die Produkte dem Kunden so präsentieret werden, dass in ihm der Kaufwunsch geweckt wird. Das kann zum einen ein Foto des Produktes sein, aber auch ein 360-Grad-Video kann in bestimmten Branchen sinnvoll sein. Das Video kann das Produkt in Gebrauch zeigen, damit der Kunde es als unverzichtbar erkennt. Die Informationen zum Produkt – bei Parfums vor allem zum Duft – müssen für den Kunden ausführlich beschrieben sein.

In einer Parfümerie könnten darüber hinaus wesentliche weitere Informationen gegeben werden. Der Kunde, der sich einen Duft kaufen will, um ihn z. B. zu verschenken, kann hier erfahren, dass es vier grundsätzlich unterschiedliche Produktkategorien gibt, um eine Duftessenz zu erwerben: Parfüm als der intensivste Duft enthält 15 bis 30 % Duftöle, während das Eau de Parfum 8 bis 15 % Duftöle enthält. Einen niedrigeren Duftölanteil hat das Eau de Toilette mit 8 % und das ursprünglich für Männer konzipierte Eau de Cologne sogar nur 3 bis 5 %.

Neben den Duft konstituierenden Duftölen enthalten alle Duftwässer Wasser (als Träger für die Duftöle) und Alkohol (als Lösungsmittel für ätherische Öle). Diese Zusammensetzung begründet auch die sehr unterschiedlichen Preise der Parfums, denn die Duftöle müssen mit aufwendigen Verfahren gewonnen werden. Ob sie nun von Tieren stammen (z. B. Moschus vom Ochsen), aus Pflanzen gewonnen werden (z. B. Rosen, Orchideen, Bergamotte) oder synthetisch (künstlich) hergestellt werden: immer ist die Gewinnung kostspielig und je höher der Duftölanteil und je schwieriger er gewonnen werden kann, desto höher ist der Preis des fertigen Parfums. Für die Gewinnung der natürlichen Duftöle gibt es im Wesentlichen fünf Verfahren: Bei der kalten (und sehr teuren) Enfleurage werden die Duftöle durch geruchsneutrale Fette gewonnen, die die Duftstoffe zunächst aufnehmen und die dann in Ethylalkohol wieder ausgewaschen werden. Die kostengünstigere warme Enfleurage oder Mazeration erwärmt das Fett, sodass es schneller größere Mengen Duftstoffe aufnehmen kann. Bei der Destillation wird dem Pflanzenmaterial das Duftöl durch Wasserdampf entzogen. Bei der Extraktionsmethode werden die Duftöle mittels chemischer Mittel ausgewaschen und eine hochwertige Essenz, das Absolue, hergestellt. Die Expression dagegen gewinnt die Duftöle durch mechanisches Pressen. Die synthetischen Öle können kostengünstiger produziert werden.

Ohne Hilfsmittel ist es dem Kunden, aber auch dem Verkaufspersonal nicht möglich, festzustellen, ob es sich um natürliche oder synthetische Öle handelt, denn im Duftverhalten unterscheiden sie sich nicht. Wenn das Parfum auf einen Duftträger (Körperstelle, wie z. B. Schläfe, Puls – beide mit dicht unter der Oberfläche liegenden Blutgefäßen, durch deren Wärme der Duft sich gut entwickelt) aufgebracht wird, entwickelt sich in den ersten fünf bis zehn Minuten eine sogenannte Kopf(duft-)note. Danach entsteht die Basisnote, die sich langsamer entwickelt und sich auch je nach Hauttyp auf jeder Haut anders entwickeln kann. Die Herznote soll für einen harmonischen Übergang von der Kopf- zur Basisnote sorgen. So muss jedes Parfüm von den Parfümeuren sorgfältig komponiert werden.

Dem Kunden sollte man raten, dieses wertvolle Produkt kühl, dunkel und trocken aufzubewahren. Setzt man Parfüm Licht, UV-Strahlung oder Erwärmung aus, verliert das Parfüm schnell an Intensität. Aufgrund des geringeren Duftölanteils können Eau de Cologne und Eau de Toilette auch im Kühlschrank aufbewahrt werden, um die Intensität zu erhalten. Geöffnete Parfumflakons sollten nicht zu lange aufbewahrt werden. Je nach Zusammensetzung können sich Kopf-, Basis- oder Herznoten schon nach weniger als einem Jahr verändern. Je nach verwendeten Materialien kann es manchmal aber auch bis zu drei Jahren dauern.

Die Verpackung der Parfüms ist heute aus Umweltgesichtspunkten leider immer noch in den meisten Fällen bedenklich. Denn neben der Verkaufsverpackung und einem kunstvollen Flakon erhalten die meisten Parfüms heute immer noch eine Umverpackung aus Karton, der wiederum durch eine Folie geschützt wird. Auch wenn die einzelnen Bestandteile recycelbar sind, ist Verpackungsvermeidung immer noch die beste Umweltstrategie und entspricht auch am ehesten der „Verordnung über die Vermeidung und Verwertung von Verpackungsabfällen".

Ausführungen zu 5

Gerade die Parfümerie ist eine Branche, die vom gegenseitigen Vertrauen zwischen Käufer und Verkäufer abhängig ist. Customer-Relationship-Management ist deshalb schon lange ein wesentlicher Bestandteil der Marketingstrategie. Mit der Entstehung von sozialen Netzwerken haben die Unternehmen eine weitere Möglichkeit, auf ihre Kunden einzugehen. Vor allem für die jüngeren Zielgruppen unter 30 Jahren sind die sozialen Netzwerke wie Facebook, Twitter, Xing, LinkedIn, Instagram, Pinterest, Flickr usw. zu unverzichtbaren Apps in ihrem Leben geworden. Auf diesen Plattformen tauschen Menschen aller Altersklassen wichtige und unwichtige und manchmal auch sehr private Informationen aus. So macht es Sinn, dass auch die Parfümerie eine eigene Social-Media-Präsenz aufbaut und so zu einer Vielzahl von Informationen über Interessen, Vorlieben und Meinungen kommt. Der (potenzielle) Kunde kann dann zielgerichteter angesprochen und betreut werden. Auch kann der Kunde so abgeholt und auf den unternehmenseigenen Onlineshop geleitet werden. Der Kunde hat sieben Tage die Woche 24 Stunden lang die Möglichkeit, mit dem Unternehmen zu kommunizieren und seine Ansichten und Meinungen mitzuteilen.

Es ist nicht ungewöhnlich, dass die Verbraucher aber auch kritische Informationen über die Unternehmung posten. Das kann sich dann negativ auswirken. Es bietet sich aber auch die Chance, Missstände zu erfahren, sie abzustellen und so besser zu werden. Und das ist ein Ziel aller Unternehmungen.

Wahlqualifikation 7: Mitarbeiterführung und -entwicklung

Auszug aus dem Ausbildungsrahmenplan für die Berufsausbildung zum Kaufmann im Einzelhandel/zur Kauffrau im Einzelhandel, Abschnitt C: berufsprofilgebende Fertigkeiten, Kenntnisse und Fähigkeiten in den Wahlqualifikationen nach § 5 Absatz 4 Satz 1 Nummer 7	
Mitarbeiterführung und -entwicklung	**a)** Maßnahmenpläne zur Personalentwicklung aus betrieblichen Zielen ableiten, Zielerreichung überprüfen und Anpassungen vornehmen
	b) die Bedeutung von Motivation und Selbstverantwortung bei der Mitarbeiterführung berücksichtigen,
	c) Gespräche mit Mitarbeitern und Mitarbeiterinnen sowie Teambesprechungen ergebnisorientiert führen und reflektieren
	d) die Wirkungen verbaler und nonverbaler Kommunikation sowie die Unterschiede zwischen Selbstbild und Fremdbild reflektieren und in der Mitarbeiterführung nutzen
	e) Möglichkeiten der Konfliktlösung mit dem Ziel anwenden, Motivation, Arbeitsklima und Arbeitsleistung zu verbessern
	f) Methoden des Selbst- und Zeitmanagements einsetzen
	g) Mitarbeiter und Mitarbeiterinnen bei ihrer Tätigkeit konstruktiv unterstützen und die Zusammenarbeit im Team fördern
	h) aus Personaleinsatz und Personalbedarfsplanung sowie aus Mitarbeiterpotenzial und Qualifikationsbedarf Maßnahmen der Personalentwicklung ableiten und umsetzen
	i) Personaleinsatzplanung erstellen
	j) arbeits- und sozialrechtliche Vorschriften bei Personalplanung und Personaleinsatz anwenden

Bearbeitungshinweise

1 Auf welchem Weg suchen Sie neues Personal?

2 Beschreiben Sie, wie Sie bei der Prüfung der Bewerbungsunterlagen vorgehen und worauf Sie achten müssen.

3 Welchen Zweck erfüllt ein Vorstellungsgespräch? Wie gehen Sie im Vorstellungsgespräch vor? Welche Fragen können Sie stellen? Welche Fragen sind nicht zulässig?

4 Welche Fragen sind am Ende eines erfolgreich verlaufenen Gesprächs mit dem Bewerber noch zu klären? Was ist ein Arbeitsvertrag und in welcher Form muss er vorgelegt werden?

5 Zeigen Sie, dass Sie über warenkundliche Kenntnisse verfügen; z. B. indem Sie die Unterschiede zwischen Schurwolle und Kaschmirwolle (Cashmere) erläutern.

Ausführungen zu 1

Bei der Suche nach geeigneten neuen Mitarbeitern stehen folgende Möglichkeiten zur Verfügung: interne Personalbeschaffung (z. B. über Aushänge im Unternehmen); externe Personalbeschaffung (z. B. über Stellenanzeigen, Agentur für Arbeit und Aushänge im Unternehmen).

- Stellenanzeigen: Um die spätere Bewerberauswahl zu vereinfachen, sollte die Stellenanzeige ein genaues Profil der geforderten Qualifikationen aufweisen. Als Informationen für die möglichen Bewerber gehören folgende Bestandteile zu einer aussagekräftigen Stellenausschreibung: Name und Adresse des ausschreibenden Unternehmens, Bezeichnung der Stelle, Gründe für die Stellenanzeige, Informationen zum Unternehmen (z. B. zum Sortiment), Anforderungen an den möglichen Bewerber, evtl. Hinweise auf das Gehalt oder Sozialleistungen des Unternehmens, Hinweise auf die Vorgehensweise bei Bewerbungen.

- Arbeitsagenturen: Dazu muss sich das einstellende Unternehmen bei der Arbeitsagentur registrieren lassen.
- Aushänge im Unternehmen oder in Filialen: Ein Stellenangebot auf einem Plakat in der eigenen Filiale hat den Vorteil, dass sich interessierte Bewerber gleich ein Bild von ihrem möglichen Arbeitsplatz machen können. Außerdem besteht die Chance, eine Stelle relativ zeitnah, kostengünstig und unkompliziert zu besetzen.

Bei allen Stellenausschreibungen muss darauf geachtet werden, dass keine Gruppen möglicher Bewerber ausgeschlossen werden (unmittelbare und mittelbare Diskriminierung; AGG)!

Ausführungen zu 2

Prüfung der Bewerbungsunterlagen:

Geprüft werden das Bewerbungsschreiben, der Lebenslauf und die Zeugniskopien. Diese Unterlagen können von allen Bewerbern erwartet werden. Auch ein Lichtbild ist in der Praxis in Deutschland noch immer die Regel. Zusätzlich können entsprechend der Stellenausschreibung besondere Unterlagen verlangt werden, z. B. Zertifikate über besuchte Weiterbildungen und Zusatzqualifikationen, Praktikumsbescheinigungen oder ein polizeiliches Führungszeugnis.

- Bewerbungsschreiben: Im Anschreiben stellt der Bewerber relevante Berufserfahrung, Kenntnisse und Fähigkeiten vor, die für die angestrebte Stelle wichtig sind. Der Bewerber sollte genau begründen können, warum er für die ausgeschriebene Stelle besonders geeignet ist (Qualifikation) und warum er sie haben möchte (Motivation). Als Geschäftsbrief unterliegt das Anschreiben den Gestaltungsregeln der DIN 5008.
- Lebenslauf: Ein lückenloser Lebenslauf ist ein wichtiger Bestandteil einer aussagekräftigen und vollständigen Bewerbung. Er muss den Leser über den persönlichen Lebensweg (genaue Angaben zu Schule, Ausbildung, Berufspraxis) des Bewerbers und über seine fachliche Eignung (inkl. Zusatzqualifikationen wie EDV und Fremdsprachenkenntnisse) informieren. Ein tabellarischer Lebenslauf, der fehlerfrei mit einem Textverarbeitungsprogramm geschrieben ist, gilt als Standard. Wichtig ist zudem eine übersichtliche, gut strukturierte Darstellung.
- Zeugnisse: Der Bewerbung liegen in der Regel Zeugniskopien von Ausbildungsabschlüssen und Arbeitszeugnissen in logischer (z. B. zeitlicher) Reihenfolge bei. Zeugnisse haben einen hohen Aussagewert bei der Beurteilung und Auswahl von Bewerbern, obwohl Zeugnisnoten nicht unbedingt auch etwas über die Berufseignung aussagen. Die Aussagekraft von Zeugnissen wird auch durch andere Faktoren vermindert: So unterscheidet sich das Niveau von Ausbildungsabschlüssen teilweise erheblich und Arbeitszeugnisse können auch Gefälligkeitsbeurteilungen sein.
- Lichtbild: Das Lichtbild ist zwar nicht objektiv zu beurteilen, aber gerade deswegen ein ausschlaggebendes Beurteilungskriterium. Ein Bewerbungsfoto sollte von einem Fotostudio oder Fotografen aufgenommen worden sein (keine Passbilder oder Privatfotos).
- Bewerbungsmappe: Die vollständigen Bewerbungsunterlagen sollten sich ungelocht in einem Klemmhefter befinden, wobei das Anschreiben obenauf liegt.

Ausführungen zu 3

Vorstellungsgespräche haben zwei Aufgaben: Zum einen dienen sie dem Unternehmen zur Vollendung des Gesamtbildes des Bewerbers, zum anderen dem Bewerber zur Erkundung seines möglichen Arbeitsplatzes. Der Arbeitgeber wird sich über persönliche Eigenschaften (z. B. Kontaktfähigkeit, Selbstbewusstsein, Entschlusskraft, Energie, Beharrlichkeit, Anpassungsfähigkeit) und über äußere Eigenschaften (z. B. Aussehen, Benehmen, Körpersprache, Sprechweise, Kleidung, Frisur) informieren.
Sie sollten den Bewerber auffordern, nochmals seinen Werdegang zu erzählen und seine Zukunftspläne zu beschreiben. Viele Stelleninteressenten sind darauf nicht gefasst, weil sie der Meinung sind, dass sie das doch schon alles im Lebenslauf angegeben haben. Gerade in dieser Situation können sich Bewerber aber sehr gut profilieren, indem der eigene (vertraute) Lebenslauf frei vorgetragen wird.

Mögliche Fragen an den Bewerber

Zur Bewerbung:

- Weshalb haben Sie sich bei uns beworben?
- Was erwarten Sie von uns?
- Weswegen wollen Sie Ihre bisherige Stelle wechseln?
- Was hat Ihnen an unserer Stellenanzeige besonders gefallen?
- Was wissen Sie über unser Unternehmen?

Zur Selbstkritik:

- Was sind Ihre Stärken?
- Warum sollen wir Sie einstellen?

Zu Ausbildung und Beruf:

- Warum haben Sie Ihren Ausbildungsberuf gewählt?
- Was hat Ihnen an Ihrer Ausbildung besonders gefallen und was nicht?
- Welcher ist ihr Traumberuf?

Zur Freizeitgestaltung:
- Was tun Sie in Ihrer Freizeit?
- Welche Hobbys haben Sie?

Weitere Fragen können sich auf die wirtschaftliche Lage und den Gesundheitszustand des Bewerbers beziehen. Nicht zulässig sind Fragen nach Gewerkschaftszugehörigkeit, Betriebsratstätigkeit oder bestehender Schwangerschaft bzw. anstehender Familienplanung.

Ausführungen zu 4
Am Ende eines erfolgreichen Bewerbungsgespräches können bereits einige Rahmenbedingungen des Arbeitsvertrages mit dem neuen Mitarbeiter besprochen werden: genaue Beschreibung der Tätigkeit und des Aufgabengebietes, Kompetenzen, Aufstiegsmöglichkeiten, genauen Eintrittstermin, Dauer der Probezeit, Festlegung der Vertragsdauer, Kündigungsfristen, Höhe des Gehalts entsprechend dem Einzelhandelstarifvertrag, vermögenswirksame Leistungen, Weihnachtsgeld, Urlaubsgeld, Überstundenregelung, Urlaubstage, Sozialleistungen wie Job-Ticket und Kantinenzuschüsse.

Ausführungen zu 5
Wolle wird aus dem Deckhaar von Tieren gewonnen. Die gewonnene Wolle wird zunächst gewaschen, gekämmt, gefärbt und dann zu Garn gesponnen. Das Garn wird entweder gewoben oder gestrickt und kann anschließend zu Kleidung verarbeitet werden.
- Eigenschaften: Wolle nimmt gut Feuchtigkeit auf (ohne dabei schwer und kühl zu werden wie z. B. Baumwolle), reflektiert die Körperwärme und gilt so als wärmend.
- Schurwolle bedeutet, dass die Wolle von einem lebenden Tier (häufig: Schaf, Ziege, Angorakaninchen, Kamel) gewonnen („geschoren“) wird. Eine typische Kennzeichnung ist das Wollsiegel.
- Kaschmirwolle (Cashmere) ist eine feine und sehr weiche Faser, die aus dem Unterfell der Kaschmirziege gewonnen wird. Der Name bezieht sich auf die Region Kaschmir (Grenzgebiet von Indien, China und Pakistan). Kaschmir ist eine der wertvollsten und teuersten Naturfasern.

Wahlqualifikation 8: Vorbereitung unternehmerischer Selbstständigkeit

Auszug aus dem Ausbildungsrahmenplan für die Berufsausbildung zum Kaufmann im Einzelhandel/zur Kauffrau im Einzelhandel, Abschnitt C: berufsprofilgebende Fertigkeiten, Kenntnisse und Fähigkeiten in den Wahlqualifikationen nach §5 Absatz 4 Satz 1 Nummer 8	
Vorbereitung unternehmerischer Selbstständigkeit	**a)** Chancen und Risiken für ein Handelsunternehmen einschätzen, ein Unternehmenskonzept unter Berücksichtigung von Innovationen entwickeln
	b) Marktforschungsdaten und Standortanalysen auswerten und für das Unternehmenskonzept nutzen
	c) persönliche und fachliche Kompetenzen für eine unternehmerische Selbständigkeit kritisch reflektieren
	d) eine geeignete Rechtsform für das Unternehmen auswählen und einen Businessplan erstellen, präsentieren und begründen
	e) Personalbedarf ermitteln und Rekrutierungsmöglichkeiten auswählen
	f) die Unternehmensfinanzierung unter Berücksichtigung von Finanzierungsquellen und Fördermöglichkeiten planen
	g) erforderliche Versicherungen und Steuerpflichten bei der Planung berücksichtigen
	h) Kennziffern der Unternehmensbewertung nutzen, daraus Maßnahmen ableiten und dabei Nachhaltigkeit berücksichtigen

Bearbeitungshinweise

Entsprechend der Aufgabenstellung müssen folgende Aspekte für das Gespräch geplant werden:

1 persönliche Vor- und Nachteile der Selbstständigkeit
2 Marktforschungsergebnisse als Grundlage für die Entwicklung der Geschäftsidee
3 Vorstellung der Geschäftsidee basierend auf den Erfahrungen aus dem Ausbildungsbetrieb:
   a) geeignete Betriebs- und Verkaufsform
   b) Sortiment (unter Einbeziehung des Warenbereiches, der in der Prüfungsanmeldung genannt wurde und der im Ausbildungsnachweis dokumentiert ist)
   c) Rechtsform für kleinere Unternehmen
   d) Finanzierung
   e) Anmeldungen
4 Kennzahlen zur Überwachung des Geschäftserfolgs

Aus dieser Grobgliederung wird deutlich, dass der Gesprächsinhalt für 20 Minuten sehr reichhaltig ist. Aus jedem einzelnen Gliederungspunkt können also wirklich nur wesentliche Aspekte in das Gespräch einfließen. Dadurch ergeben sich viele Nachfragemöglichkeiten durch die Kommission. Aus dem Grunde sollte man das Gespräch auch mit dem Hinweis auf die Auswahl nur der wichtigen Aspekte beginnen.

Ausführungen zu 1

Als Arbeitnehmer muss man den Leitlinien seines Arbeitgebers folgen und hat weniger Möglichkeiten, eigene Ideen umzusetzen. Außerdem ist der Arbeitsplatz immer abhängig von dem Wohlwollen des Unternehmers, der den Arbeitnehmer eingestellt hat. Die Einkommensgestaltung ist mehr oder weniger abhängig von den Tarifverträgen. Der selbstständige Unternehmer kann mit seinen unternehmerischen Entscheidungen dafür sorgen, dass sein Unternehmen auf Dauer Bestand hat, und über die mögliche Einflussnahme auf die Gewinngestaltung gibt es für den Unternehmer auch eine Gestaltungsmöglichkeit für die Höhe seines Einkommens. Dafür muss er mit einem langen Arbeitstag rechnen und die Verantwortung für unternehmerische Entscheidungen selbst tragen.

Ausführungen zu 2

Der Start in die Selbstständigkeit muss gut geplant werden. Man braucht dazu Marktforschungsdaten, die entweder aus primärer oder sekundärer Marktforschung resultieren. Als Jungunternehmer nutzt man wahrscheinlich hauptsächlich Sekundärmaterial (z. B. von der Kommune oder vom HDE; HDE: Handelsverband Deutschland e. V. – Der Einzelhandel).

Ausführungen zu 3 a
Um das Risiko zu minimieren, wird man eine Betriebsform wählen, die mit möglichst wenig Kapitaleinsatz auskommt (z. B. Fachgeschäft) und schnelle Kundenbindung schafft (z. B. Verkaufsform Bedienung, was auch zum Fachgeschäft passt).

Ausführungen zu 3 b
Hier ist der angegebene Warenbereich zu berücksichtigen, Beispiel:
Sie entschließen sich zur Gründung eines Fachgeschäfts für Haus- und Wohnungssicherheit. Da immer mehr Menschen in ihren Häusern und Wohnungen viele Werte schaffen, wächst auch ihr Sicherheitsbedarf. Voraussetzung ist natürlich, dass die Marktforschung ergeben hat, dass es für diesen Bereich noch Marktpotenzial gibt, weil es wenige oder gar keine Wettbewerber in Ihrer Kommune gibt. Es sind zu nennen:
- Produkte zur Fenstersicherheit (z. B. Fenstergriffsicherungen, Scharniersicherungen, Rollladensicherungen, Fensterkippsicherungen, Kellerschachtsicherungen)
- Produkte zur Türsicherheit (z. B. Sicherheitsschließbleche, Sicherheitsschließzylinder, Schutzbeschläge, Schutzrosetten, Panzerriegel)
- Produkte zur Objektsicherung (z. B. Überfallen, Vorhangschlösser, Ketten, Alarmmelder, Rauchmelder)

(Die Auswahl der genannten Produkte sollte sich vor allem nach Ihrer Warenkenntnis richten, wobei Sie das Produkt, das Sie besonders gut kennen, auch ausführlich erläutern können.)

Bei der Auswahl der Lieferanten wird darauf geachtet, dass die Produkte keine überflüssigen Verpackungsbestandteile enthalten, um den Nachhaltigkeitsgedanken zu unterstützen. Das gleiche trifft natürlich auch für die Wahl bei den Energielieferanten und die Gestaltung der Beleuchtung des Outlets zu.

Ausführungen zu 3 c
Sie könnten sich zur Gründung eines Einzelunternehmens entschließen, da dieses kreditwürdig ist und eine Person alleine die Verantwortung tragen würde. Da aber Egon mit Ihnen in die Selbstständigkeit starten will, wäre das Modell einer Personengesellschaft vielleicht besser geeignet. Die Entscheidungsbefugnisse sollten im Gesellschaftsvertrag festgelegt werden. Wollen Sie das finanzielle Risiko vermindern, starten Sie mit einer GmbH in die Selbstständigkeit, vielleicht in der Form einer Unternehmergesellschaft, da es hier auch weniger Vorschriften für die Gründungsformalitäten und das Mindeststammkapital gibt (praktisch möglich ab 1 Euro, mit Umfirmierung, wenn 25.000 Euro Stammkapital durch die Vorschrift zur gesetzlichen Rücklage von 25 % des Jahresüberschusses erreicht ist).

Ausführungen zu 3 d
Die Finanzierung kann durch Eigen- oder Fremdfinanzierung gesichert werden. Dabei belastet die Höhe des Fremdkapitals immer auch die Kalkulation und unter Umständen sogar die selbstständige Entscheidung. Deshalb sollte das Fremdkapital möglichst nicht für das Anlagevermögen verbraucht werden, es sei denn, es handelt sich um langfristige Finanzierungsmöglichkeiten. Das Fremdkapital sollte nach Möglichkeit immer geringer sein als das Eigenkapital. Festgestellt werden kann dieses durch die Berechnung des Verschuldungskoeffizienten: Fremdkapital geteilt durch Eigenkapital < 1. Die beiden zukünftigen Unternehmer müssen sich einigen, wer wie viel Kapital in das Unternehmen einbringt und diese Einigung vertraglich absichern! Dabei müssen sich beide auch darüber einigen, welche Verzinsung sie erwarten (gesetzlich: 4 %, wenn es der Gewinn ermöglicht. Der Rest nach Vertrag [KG] oder nach Köpfen [bei der OHG]).

Ausführungen zu 3 e
Das Unternehmen muss Mitglied der IHK werden und beim Gewerbeamt der jeweiligen Kommune sowie der Berufsgenossenschaft angemeldet werden. Außerdem ist ein Eintrag ins Handelsregister erforderlich, es sei denn, es handelt sich um einen Kleingewerbebetrieb (hier kann ein Eintrag erfolgen) oder um eine Gesellschaft bürgerlichen Rechts (GbR; hier besteht nur unter bestimmten Umständen die Pflicht zu einem Eintrag). Da zunächst keine weiteren Mitarbeiter beschäftigt werden, sind weitere Anmeldungen nicht nötig.

Ausführungen zu 4
Hier sind zu nennen:
- Kennzahlen der Gewinn- und Verlustrechnung (Reingewinn, Rohgewinn) und deren Veränderungen
- Lagerbestands- (Höchst-, Melde- und Mindestbestand, durchschnittlicher Lagerbestand) und Lagerbewegungskennzahlen (durchschnittliche Lagerdauer, Umschlagshäufigkeit, Lagerzinsen)
- Bilanzkennzahlen (Vermögensaufbau, Kapitalaufbau, Eigenkapitalrentabilität) müssen in größeren Abständen (vierteljährlich) geprüft werden, um weitere unternehmerische Entscheidungen zu treffen

Geben Sie zum Schluss der Hoffnung Ausdruck, dass Ihr Unternehmen erfolgreich sein wird.

Eigene Notizen